Auf Achse

1. Auflage 2007

Fotos: Klaus Schier, Sonja Nertinger (S. 100, 115, 171, 199),
Berthold Funk (S. 13)
Umschlaggestaltung: Tanja Groh
Satz: Reinhard Strobl
Druck: Pinsker Druck und Medien, Mainburg

Umwelthinweis: Gedruckt auf chlorfrei gebleichtem Papier.

ISBN 978-3-00-021673-2
Printed in Germany

Nordsee
Ostsee
Moskau
Hamburg
Kiew
Merching
Paris
Wien
Ancona
Schwarzes Meer
Rom
Istanbul
Ankara
Täbris
Van
Patras
Tunis
Mittelmeer
Beirut
Bagdad
Tripolis
Kairo
Ria
Rotes Meer
Khartum
Ndjamena
Addis Abeba

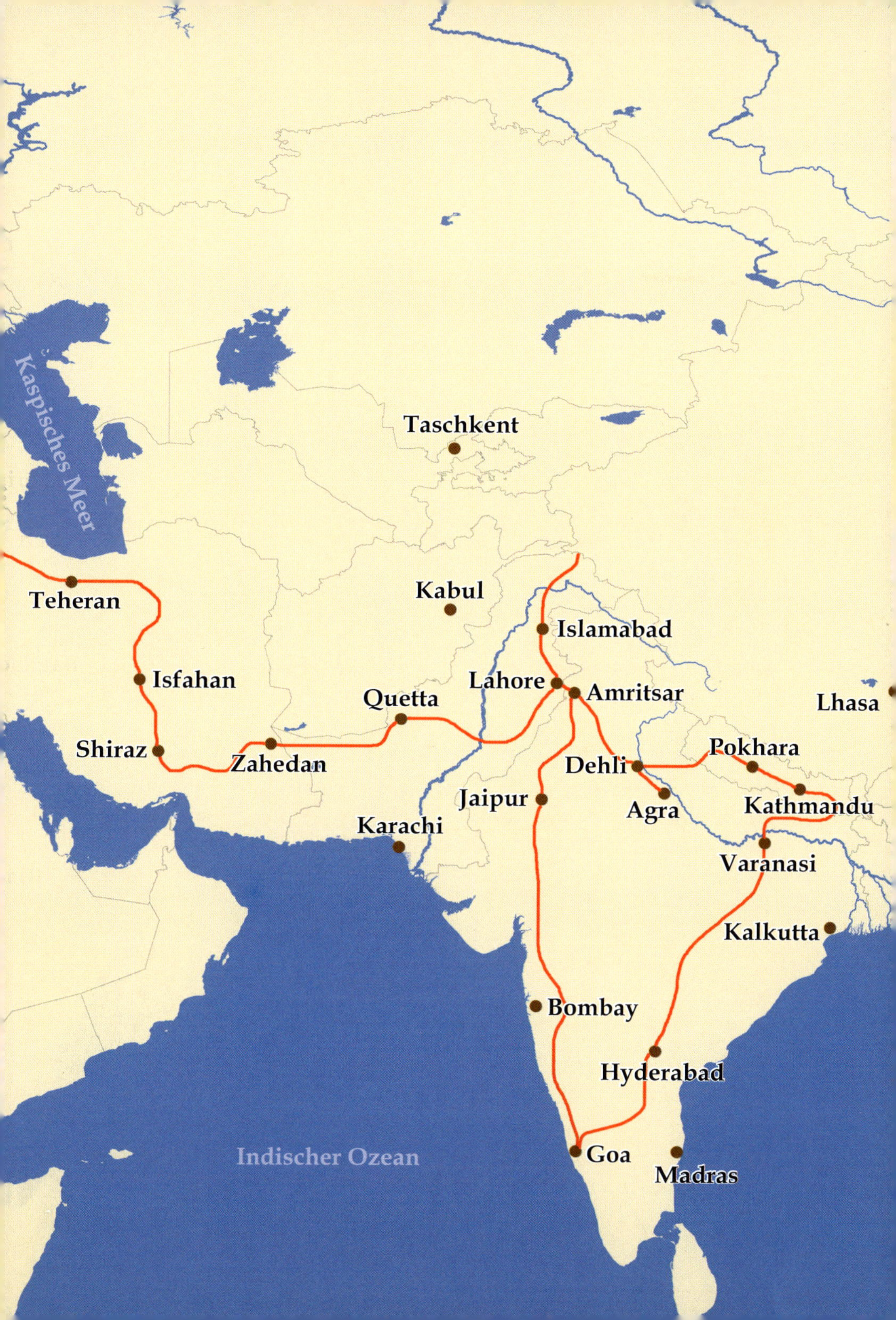
Kaspisches Meer
Taschkent
Teheran
Kabul
Islamabad
Isfahan
Lahore
Amritsar
Quetta
Lhasa
Shiraz
Zahedan
Pokhara
Dehli
Jaipur
Agra
Kathmandu
Karachi
Varanasi
Kalkutta
Bombay
Hyderabad
Indischer Ozean
Goa
Madras

Sonja Nertinger Klaus Schier

Auf Achse

Etappen einer Weltreise – Band I

von Reinhard Strobl

Das Buch:

Sonja Nertinger

Klaus Schier

Sonja Nertinger (Jahrgang 1964) und Klaus Schier (Jahrgang 1963) sind seit jeher begeisterte Reisende. Im eigenen Auto erkunden sie zahlreiche Länder Europas, Nordafrikas und Nordamerikas, ehe sie im September 2000 das Projekt ihres Lebens starten: „Auf Achse – Etappen einer Weltreise", ein Film, der am Ende eine lückenlose Fahrt durch alle Kontinente dokumentieren soll.

Dieses Buch erzählt von den ersten beiden Etappen ihrer Reise: „Auf dem Landweg nach Indien" und „Abenteuer Südamerika", deren filmische Dokumentationen seit Jahren die Menschen begeistern.

Der Autor:

Reinhard Strobl

Reinhard Strobl (Jahrgang 1971) arbeitet als Journalist bei der Augsburger Allgemeinen. Im Januar 2006 veröffentlicht er eine Reportage über das Projekt „Auf Achse". Da Sonja Nertinger und Klaus Schier in ihm einen Gleichgesinnten erkennen, wählen sie ihn als Autor für dieses Buch.

Inhalt:

Vorwort

Was muss man machen, damit man so lange reisen kann?

Neben vielen anderen ist das eine der Fragen, die uns immer wieder gestellt wird.

Sich vor allem trauen – wäre die einfache Antwort. Doch ganz so einfach ist es natürlich nicht. Neben den praktischen Dingen, die geregelt werden müssen, wie Geld, Job oder Wohnung, ist es vor allem das Loslassen vom Alltag samt seinen Gewohnheiten und Bequemlichkeiten, das manchem den Absprung erschwert. Sicher wird es nie leicht sein, dem geregelten Leben mal für kurze oder lange Zeit den Rücken zu kehren. Vom üblichen Jahresurlaub unterscheidet sich eine längere Reise schon allein dadurch, dass sich hier wieder ein gewisser Alltagstrott einschleicht. Neben langweiligen Fahrtagen verbringt man Regentage auf engstem Raum und muss – als Paar – 24 Stunden am Tag miteinander auskommen.

Doch anstatt sich eine Entscheidung zu erschweren, indem man sich negative Aspekte vor Augen hält und sich bereits im Voraus Probleme und Krankheiten ausmalt, die eventuell gar nicht eintreffen, sollte man sich vielleicht besser die Frage stellen „Was ist, wenn es mir gefällt?". Es kann nämlich durchaus sein, dass man nach einem erstmaligen Unterbrechen der Alltagsroutine gar nicht mehr dahin zurück will. Und dann lautet die Frage nicht mehr „Was muss ich machen?", sondern „Wann kann ich es das nächste Mal machen?".

So ist es zumindest uns ergangen, und wie sich unser Leben seitdem verändert hat, lesen Sie im vorliegenden Buch.

Sonja Nertinger & Klaus Schier im Frühjahr 2007

Wie alles begann...

Diese Geschichte beginnt sehr romantisch – mit einer Hochzeitsreise. Nicht etwa Flitterwochen in Venedig oder Honeymoon in Las Vegas. Sonja Nertinger und Klaus Schier hatten schon immer ihre ganz eigenen Vorstellungen vom Reisen. Auf eigene Faust hatten sie bereits fast die gesamte arabische Welt durchfahren. Nun brachen sie direkt nach ihrer Heirat Ende 1991 erneut auf nach Afrika. Mit ihrem ausgebauten Toyota Landcruiser, ihrem Hochzeitsauto, erkundeten sie Tunesien und Algerien, die Wüste Sahara und schließlich Niger, Nigeria und Kamerun. Acht Wochen lang genossen die beiden das freie, wurzellose Leben auf der Piste, wo man fast täglich Bekanntschaft mit neuen Eindrücken und Kulturen, doch ebenso mit Gleichgesinnten aus aller Welt macht. Und eben diese Gleichgesinnten waren es, die das weitere Leben von Sonja und Klaus komplett auf den Kopf stellen sollten.

Im Februar 1992 hieß es Abschied nehmen vom Schwarzen Kontinent. Auch für viele andere Weltenbummler. Doch die trieb es weiter, nach Südafrika, Asien oder gar zum Schiff Richtung Südamerika. Sonja und Klaus dagegen sahen sich schon wieder ins Büro trotten, wo der zwar gesicherte, doch ewig gleiche Alltag schon auf sie lauerte.

Klaus arbeitete damals als Ermittler bei der Kripo Augsburg. Ein harter Job, aber gut bezahlt. Sonjas Stelle bei der Münchner Stadtverwaltung war zwar nicht ganz so aufregend, doch ebenfalls nicht schlecht dotiert. Als Beamte hatten sie ein Leben ohne Sorgen vor sich. Ein Leben ohne Entbehrungen. Ein Leben ohne Höhepunkte.

Ein letztes Mal beugten sich Sonja und Klaus jenem Schicksal, dem sich die meisten zivilisierten Menschen fügen müssen. Sie gingen brav

Dieser Landcruiser diente als Hochzeitsauto und als Reisemobil.

ihrem Tagwerk nach und beschränkten ihre Reisen auf die Urlaubszeit, die ihnen zustand. Doch schon bei der nächsten Fahrt nach Spanien, erstmals in Begleitung ihres treuen Briard-Rüden „Chicco“, geschah es: Der Himmel war bedeckt, die Sonne lachte nur vom Titelbild des Reiseführers. Hier, im Süden Andalusiens, war Afrika zum Greifen nah. Sonja und Klaus konnten den heißen Sand der Sahara förmlich riechen – und mit ihm den süßen Duft der Freiheit.

Sonja, Klaus und Chicco mit ihrem ersten Unimog in der tunesischen Wüste.

„Wenn wir doch immer weiter fahren könnten, so lange, bis wir in der Sonne sind…“, dachten sie. Und die Entscheidung war gefallen. Nach ihrer Rückkehr kündigte Sonja ihren Job. Klaus ersuchte um wenigstens ein Jahr unbezahlten Urlaub. Der Staat lehnte ab. Klaus blieb nichts anderes übrig, als ebenfalls zu kündigen. Nun brauchten sie Geld – und verkauften ihr Haus. Binnen eines Jahres war aus zwei wohlhabenden Beamten ein arbeits- und obdachloses Paar geworden. Die beiden bezogen zwei Zimmer in Sonjas Elternhaus und machten sich daran, ihren großen Plan zu verwirklichen. Bereits zwei Jahre zuvor hatten sie ein Unimog-Fahrgestell gekauft, das sich nun in ein komfortables geländegängiges Wohnmobil verwandelte.

Seine Jungfernfahrt erlebte der Unimog auf einer viermonatigen Reise, die Ende 1994 bis Tunesien führte. Es folgte im Frühjahr 1995 eine Tour durch Skandinavien sowie in den folgenden Jahren weitere Fahrten durch Nordafrika, Nordamerika, Mexiko und Guatemala. Doch irgendwie hatten Sonja und Klaus das Gefühl, das alles sei noch nicht groß genug. Eine Fahrt hierhin, eine dorthin – diese Zeit war nun vorbei.

Sie wollten mehr.

Sie wollten die ganze Welt.

Akal Brothers
PSB FINANCE
PSB FINANCE
PB.10Q9657

1. Kapitel: Auf dem Landweg nach Indien

Wer auf dem Landweg nach Indien gelangen will, braucht vor allem eines: Ein Gefährt, das allen Unwegsamkeiten trotzt; felsigem Bergland ebenso wie staubigen Wüsten oder von Schlaglöchern zerklüfteten Provinzstraßen.

Mit ihrem ersten Unimog hatten Sonja und Klaus die besten Erfahrungen gemacht: In drei Jahren trug sie der „416er“ zuverlässig über 125 000 Kilometer. Für die Weltreise durfte es aber ein wenig mehr Komfort sein. So legten sie sich einen Unimog der neueren Generation zu, einen „1300er“, Baujahr 1990.

Der Unimog ist ein extrem geländegängiges Zugfahrzeug von Mercedes-Benz. Er ist serienmäßig mit Allradantrieb ausgestattet, außerdem mit einer vorn und hinten zuschaltbaren Differenzialsperre. Dank seiner einzigartigen Konstruktion ermöglicht der Unimog äußerste Bodenfreiheit bei perfekter Bodenhaftung. Mit seinen 170 PS schafft

er Steigungen von bis zu 100 Prozent – das sind satte 45 Grad.

Weil Individualisten wie Sonja und Klaus natürlich kein Auto von der Stange fahren, erhielt der Unimog innen wie außen eine Radikalkur verpasst. Zunächst wurde die Zugmaschine rot lackiert und von der Ladefläche befreit.

Eine etwa acht Quadratmeter große Leerkabine wurde in eine komfortable Wohnkabine umgewandelt, in der es an nichts fehlt. So sorgen der Yachtherd mit Backofen, die Spüle mit Haushaltsarmaturen oder auch der Kohle- und Keramik-Trinkwasserfilter für jeden erdenklichen Luxus.

Mit der blau-roten Lackierung am Heck erhielt das Traumauto seinen letzten Schliff – jetzt endlich darf es zeigen, was in ihm steckt.

(Wer wissen will, was sonst noch alles in dem Unimog steckt, findet im Anhang ab Seite 238 jede Menge technischer Daten.)

Aufbruch zu fernen Zielen

Die Taschen sind gepackt, der Tank gefüllt. Alle Rechnungen sind bezahlt. Die Wohnungstüre ist abgesperrt. Ist der Herd aus? Und die Kaffeemaschine? Wo ist der Hund?

Es ist Dienstag, der 19. September 2000. Vor einem Haus im bayerischen Merching öffnen Sonja Nertinger und Klaus Schier in der warmen Morgensonne die Türen ihres Unimog. Ihr Briard-Rüde Chicco nimmt behäbig Stufe um Stufe.

Er hat es nicht eilig. Sonja und Klaus schon. Sie werfen die Tür der Wohnkabine hinter Chicco zu und springen mit einem Satz ins Führerhaus. Die Türen schließen mit einem dumpfen Knall. Klaus dreht den Zündschlüssel um und tritt fest aufs Gaspedal – das Abenteuer „Auf Achse“ hat begonnen.

Als sie an der nächsten Kurve den Schulweg verlassen, stehen Sonjas Eltern immer noch vor dem Haus und winken. Ungläubig sind ihre Blicke. Und groß bereits jetzt ihre Sehnsucht. Kaum sind sie ins Haus zurückgekehrt, reißt sie das Telefon aus ihrer Lethargie. Es ist Sonja: „Wir haben Chiccos Näpfe vergessen – bitte bringt sie uns nach“, ruft sie. „Wir treffen uns in Mammendorf.“ In diesem Augenblick verstehen Sonjas Eltern: Es gibt kein Zurück für ihre Tochter und den Schwiegersohn. Sie sind auf Achse.

Sonja und Klaus haben erst vor wenigen Minuten den vereinbarten Treffpunkt erreicht, da sehen sie schon Sonjas Eltern aus der Ferne näherkommen. Als sie die Hundenäpfe überreichen, wedelt Chicco wissend mit dem Schwanz und bellt ein herziges „Danke!“.

Noch einmal wird er Zeuge einer innigen Verabschiedung, dann springt er zufrieden in den Unimog, der sogleich wieder die Straße in Besitz nimmt. Südwärts, immer weiter südwärts schluckt er den Asphalt. Die Alpen werden von Minute zu Minute größer und größer, wie mächtige Könige unter dem hellblauen Baldachin des Himmels. Am Rasthof

Inntal legen die beiden die erste Pause ein. Beinahe hätten sie vor lauter Reiselust ihre knurrenden Mägen überhört. Auf der Terrasse sitzen sie in der Sonne und genießen jeden Bissen. Fast wie Schüler auf Klassenfahrt albern sie herum und freuen sich auf das Neue, das jenseits der Berge, Tausende Kilometer entfernt, auf sie warten sollte.

Zunächst aber wartete eine gute Freundin auf die beiden, und zwar am Rastplatz vor der Europabrücke in Tirol. Sie ist mit dem Motorrad unterwegs – auf dem Landweg nach Indien. Die drei vergleichen ihre geplanten Routen, die sich immer wieder überschneiden sollten. Bei feinem Tiroler Kuchen und kräftigem Kaffee besprechen sie ihre jeweiligen Pläne und fangen an, von fremden Ländern zu träumen. Ein schöner Traum, wenn man weiß, dass er sich nur wenige Tage später erfüllen sollte.

Wieder sieht Chicco mit einer gewissen Rührung in seinem treuen Hundegesicht, wie sich Frauchen und Herrchen mit herzlichen Umarmungen von jemandem verabschieden. Kurz darauf sind sie in Italien. Im stets milden Klima des Gardasees verbringen sie eine Nacht auf einem Rastplatz, dann heißt das Ziel Ancona. An dem adriatischen Fährhafen erwartet die Reisenden eine angenehme Überraschung: Die Schiffe der „Minoan Lines" gestatten „Camping an Board". Das bedeutet nicht nur, dass Sonja und Klaus keine Kabine buchen müssen – vor allem nämlich bleibt Chicco eine Nacht im Hundezwinger erspart.

In 24 Stunden ist die Adria überquert und der Zielhafen Patros erreicht. In Griechenland ist erst einmal eine Woche am Meer angesagt; Luft holen und Kraft sammeln vor der großen Reise. An einem einsamen Strand im Süden des Peloponnes stellt Klaus den Unimog ab. Das mitgebrachte Motorrad genügt hier als Verkehrsmittel. Sonja zieht es gleich ins Meer, das selbst jetzt, im September, noch angenehm warm ist. Nach einigen Tagen treffen Freunde ein, die auf dem Weg in den Iran sind. Erneut werden Routen verglichen, Gläser werden erhoben und in der Hoffnung auf ein Wiedersehen in Asien geleert.

Am nächsten Morgen brechen sie auf, quer durch Griechenland, der ersten Etappe ihrer Reise entgegen: Istanbul, die Pforte zum Orient.

Die andere Welt

Die Einreise in die Türkei ist alles andere als aufregend. Ein Stempel hier, ein Stempel da, ein paar Papiere wechseln die Besitzer – das war's schon. Entlang der Küste geht es durch endlose Siedlungen Richtung Istanbul. Nur die wie zufällig im unüberschaubaren Verkehr auftauchenden Ortsschilder markieren Anfang und Ende der einzelnen Städte.

Sonja und Klaus entfliehen der Hektik und steuern einen Campingplatz außerhalb der Metropole an. Im lauen Schatten eines Hotels gelegen, ist er der ideale Rückzugsort nach einem Tag im hektischen Treiben Istanbuls. Von hier aus gelangen sie mit einem Minibus in die Stadt, die sie schon 15 Jahre zuvor besucht hatten und deren Erinnerungen seither nie verblasst sind.

Erinnerungen an märchenhafte Moscheen und Minarette, die eher den Träumen von Künstlern denn den Reißbrettern von Architekten

Die Lebendigkeit Istanbuls überwältigt jeden Besucher.

Fernab jeder Zivilisation liegt die Einöde Kappadokien mit ihren in Tuffstein geschlagenen Felskirchen.

entsprungen sein mögen. Erinnerungen aber auch an eine ständige Unruhe auf den Straßen, ein nicht abebbendes Hin und Her von Menschen, Tieren und Fahrzeugen. Es ist Sonntagmittag, als Sonja und Klaus aus dem Bus steigen und ihre Erinnerungen wieder lebendig werden. Sie sind angekommen in jener anderen Welt, die sie gesucht haben.

Am ersten Tag in Istanbul wollen sich die beiden keine großen Ziele setzen. Einfach mittreiben lassen und die einzigartige Schönheit jener Stadt aufsaugen, für die ein Kontinent allein zu unbedeutend wäre – weshalb sie sich zu Recht auf Europa und Asien verteilt.

Da Sonntag ist, haben die großen Bazare geschlossen. Doch von dem Flohmarkt hinter der Beyazit-Moschee irren schon von Weitem die aufgebrachten Rufe der Feilscher durch die smogverhangene Luft. Nie zuvor hat Klaus so viele Handys an einem Fleck gesehen wie auf den Tischen der fliegenden Händler. Eindeutig der falsche Ort zum Verweilen.

Ihre erlebnishungrigen Schuhe verschlingen Meter um Meter und tragen Sonja und Klaus vorbei an der Blauen Moschee und der Hagia Sophia. Für diesen Tag genügt ihnen der staunende Blick von außen. Weiter führt sie ihr Weg durch den Gülhane-Park zum Sirkeci-Bahnhof. In diesem Prunkbau endete einst die sagenumwobene Strecke des Orient-Express.

Als sie die unzähligen Angler auf der Galata-Brücke sehen, erinnern sich ihre Mägen an die fortgeschrittene Stunde. Sie haben Hunger und wollen schon eines jener Fisch-Lokale ansteuern, die ihr Reiseführer mit schwärmenden Worten empfiehlt. Doch als ihre Blicke an den

Angelschnüren hinabgleiten und auf die von Müll und jeglichem Unrat in dickes Braun gefärbten Adern des Flusses treffen, vergeht ihnen fürs erste der Appetit auf Fisch. Ein paar leckere Sesamkringel aus einer vertrauenswürdigen Bäckerei in einer Seitenstraße erweisen sich aber als ein mehr als würdiger Ersatz.

In Istanbul bringt Klaus zum ersten Mal seine neue Kamera zum Einsatz. In einem riesigen Rucksack schleppt er sie durch die Straßen, immer auf der Suche nach bewegten Motiven. Für die Hotelschlepper sieht er aber aus wie ein orientierungsloser Rucksack-Tourist. So versucht alle paar Straßenecken ein anderer, ihn mit verheißungsvollen Gesten in eine völlig überteuerte Absteige zu locken. Problemlos ist das Filmen dagegen in der Blauen Moschee, dem vielleicht prachtvollsten Bau Europas. Sonja ist erstaunt, dass sie an diesem hochreligiösen Ort kein Kopftuch tragen muss. Die Heerscharen von Touristen aber rauben der Moschee ihren einzigartigen Zauber.

Von der Lebendigkeit Istanbuls gleichermaßen fasziniert wie überlastet, beschließen Sonja und Klaus, den Moloch zu verlassen und in der Einöde Kappadokiens zu campen. Mit der Überquerung der Bosporus-Brücke schmecken die Reifen des Unimogs erstmals asiatischen Asphalt. Kappadokien ist eine verwunschene Zone irgendwo in Anatolien. Im Dreieck zwischen Nevşehir, Kayseri und Yesilhisar liegt diese phantastische Mondlandschaft aus bizarr geformten Felswänden und aufragenden Tuffpyramiden.

Zwei Campingplätze stehen zur Wahl. Schon der erste gefällt den beiden, doch irgendetwas treibt sie weiter zum zweiten. Kaum durch dessen breites Tor gefahren, sehen sie auch, was: Ihre Freundin, von der sie sich vor drei Wochen am Brenner verabschiedet hatten, kommt ihnen freudig winkend entgegengelaufen – welch ein unerwartetes Wiedersehen. Gemeinsam erforschen sie in den folgenden Tagen die auf geradezu unheimliche Weise fremdartige Umgebung. Tief in den roten Stein wurden vor mehr als 1200 Jahren geheime Felskirchen errichtet, die man noch heute begehen kann. Wie in den umliegenden Höhlen bietet

Mannshoch sind die Köpfe der Götter auf dem Nemrut Dağ, die das Land bis zum Horizont überwachen.

der Tuffstein eine ideale Isolierung gegen die Kälte, die hier, in gut 1000 Metern Höhe, bei Nacht droht.

Weiter geht die Fahrt zum 2150 Meter hohen Nemrut Dağ. Von diesem Berg in der Nähe des Atatürk-Stausees, der das smaragdgrüne Wasser des mächtigen Euphrat bändigt, überwachen die Götter früherer Kulturen ihr Land. Sonja blickt überwältigt auf die mannshohen Steinköpfe, deren Blicke starr, aber erhaben auf den Horizont gerichtet sind. Stumm und doch weise stehen sie da, als seien sie vor Urzeiten aus dem Fels des Berges gewachsen.

Nur ein Massiv kann ein noch großartigeres Panorama bieten: der Ararat, der höchste Berg der Türkei. Auf der Fahrt zur iranischen Grenze bestimmt er das Bild entlang der staubigen Straße. Sonja und Klaus verbringen die Nacht unterhalb des 2000 Meter hoch gelegenen Ishak Pasa Palastes, ehe sie im Licht der roten Morgensonne ihrer nächsten Etappe entgegeneilen.

Guten Morgen, Orient!

An diesem schwülwarmen Morgen betreten Sonja und Klaus Neuland – in jedem nur erdenklichen Sinne. Ist ihnen die Türkei aus früheren Reisen bereits vertraut, so tauchen sie nun in eine Welt ein, die so völlig anders ist als der europäische Alltag. Anders in der Architektur, anders in der Kleidung. Vor allem aber anders in der Bedeutung der Religion. Und das hat in erster Linie für Sonja sicht- und spürbare Folgen.

Noch im Auto hüllt sie ihr Haupt in einen großen hellblauen Schleier. Keine Frau darf sich in der iranischen Öffentlichkeit ohne Kopftuch bewegen. Da macht der islamische Staat auch bei Touristinnen keine Ausnahme. Im iranischen Alltag gehen Männer und Frauen getrennte Wege. Das gilt auch für die Grenze.

Sonja betritt alleine einen Schalterraum und stellt sich hinten an eine etwas konfus wirkende Schlange an. Nach einigen Minuten bemerkt sie, dass sie vor und hinter sich nur Männer hat. Erst wenn ein Mann die Formalitäten am Schalter erledigt hat, kommt aus der Tiefe des Raumes seine Frau dazu und folgt ihm. Doch handelt es sich hier nicht um die iranische Einreisebehörde, Sonja erhält erst einmal ihren Stempel für die Ausreise aus der Türkei. Dann geht es weiter in einen anderen Schalterraum, in dem Dutzende von Menschen scheinbar völlig wahllos herumstehen und -sitzen.

Doch Sonja hat schon viel von der außerordentlichen Freundlichkeit der Menschen im Iran gehört und tut spontan das einzig Richtige: Sie stellt sich so in die Tür, dass sie einer der Beamten bemerken muss. Und so geschieht es auch. Ein Angestellter des Touristenbüros winkt sie heran und hilft ihr, sämtliche Formulare korrekt auszufüllen.

In diesem Moment kommt Klaus dazu. Bei ihm lief es nicht ganz so reibungslos. Er hatte bei der Ausreise von den türkischen Beamten einen Stempel zu wenig erhalten. Einige Meter weiter, an der Zollabfertigung, wollte dies ein gewissenhafter Grenzer nicht hinnehmen. Mit ausladenden Gesten befahl er Klaus, zurück in die Türkei zu fahren und das ganze Prozedere mit unzähligen Stempeln und Unterschriften erneut über sich ergehen zu lassen. Klaus platzte der Kragen, was einer jungen türkischen Polizistin nicht entging. Glücklicherweise schlug sie sich auf die Seite von Klaus, knallte dem widerwilligen Beamten seinen Ausweis auf den Tresen und wies ihn an, alle erforderlichen Stempel zu erteilen. Als alle Papiere beisammen waren, stellte Klaus den Unimog zwischen unzähligen Lkw ab und machte sich auf die Suche nach Sonja.

Gemeinsam gehen sie nun die letzten Schritte des Einreise-Marathons an. Ein junger Iraner deutet ihnen, ihm zu folgen. Tatsächlich führt er sie in das richtige Büro, wo ein flotter Lauf von Schreibtisch zu Schreibtisch beginnt. Doch alle Beamten wissen exakt, wohin sie welchen Stempel zu setzen haben, sodass nach weniger als zwei Stunden sämtliche Einreise-Formalitäten erledigt sind. Der junge Helfer gibt in seinem Büro noch einige freundliche Tipps für Campingplätze und schreibt die wichtigsten Wörter in Farsi, der iranischen Staatssprache, auf: „Guten Tag", „Vielen Dank" und „Ein Brot, bitte!" – damit kommt man schon mal ein paar Tage über die Runden.

Das Mausoleum des Ayatollah Khomeini mit seinen goldenen Türmen.

Der erste Weg führt den Unimog an die Tankstelle – und damit mitten hinein in die nächste große Überraschung: Für 60 Liter Diesel verlangt der Tankwart von Klaus nicht einmal einen Euro. Tatsächlich kostet ein Liter Treibstoff nirgends im Iran mehr als zwei bis drei Cent. Das löst Entspannung in der Reisekasse aus. Gut und gerne 3000 Kilometer misst die geplante Route durch den Iran. Bei einem durchschnittlichen Verbrauch von 21 Litern pro 100 Kilometern werden die Spritkosten 30 Euro nicht übersteigen. Da ist durchaus auch mal ein orientalisches Luxus-Dinner drin...

Ganz anders sieht es beim ersten Campingplatz aus, den Klaus und Sonja im Abendrot erreichen: Fast zehn Euro für eine Nacht ist für iranische Verhältnisse eine astronomische Summe. Eine andere Wahl haben die beiden aber nicht, so freut sich Chicco erst mal über ein leckeres Hundemahl, während sich Herrchen und Frauchen so richtig ausschlafen.

Von wegen: Um 6.45 Uhr werden sie von unangenehm lauter Musik geweckt, die aus unzähligen Lautsprechern dröhnt. Fast wie im Takt dazu bewegen sich Scharen von Menschen durch den Park, der zum Campingplatz gehört – es sind Jogger, die hier in landesüblicher Straßenkleidung ihre Runden drehen. Aber nicht nur Männer. Ein guter Anteil Frauen ist unterwegs, den traditionellen Tschador bis zu den Knien hochgerafft. Ein wahrlich nicht alltäglicher Anblick, auch nicht im Iran.

Die Hauptstadt Teheran wäre für die beiden eigentlich keinen Besuch wert, fände man hier nicht das wohl berühmteste Bauwerk des Landes, das Mausoleum des Ayatollah Khomeini. Da dieser goldene Prunkbau für Männer und Frauen separate Eingänge hat, müssen sich Sonja und Klaus trennen. Doch kaum haben sie ihre Schuhe abgegeben und ihre Rucksäcke röntgen lassen, treffen sie im Innenraum schon wieder aufeinander. Ordnung muss eben sein.

Inmitten der Halle lockt ein Glashaus die Besuchermassen an. Die doppelte Wand ist mit Schlitzen versehen, durch die haufenweise Geldscheine gesteckt werden. Und in der Mitte dieses „Schatzes" logiert ganz standesgemäß der Sarkophag des Ayatollah.

Die mit Blumenmustern verzierte Kuppel der Lotfollah-Moschee wechselt mehrmals täglich die Farbe mit dem Lauf der Sonne.

Der Iran ist ein riesiges Land, und der Weg ist noch weit. So vergeht keine Stunde, ehe Klaus den Unimog wieder anwirft und Richtung Süden steuert. Braun und kahl gibt sich die Landschaft rund um die staubigen Scheiben des Mercedes. Gerne würde Klaus die Fahrt über die Autobahn verkürzen, doch ist diese immer wieder für Lkw gesperrt. Und wenn es darum geht, einen Unimog mit Wohnkabine als Reisemobil anzuerkennen, können iranische Polizisten erstaunlich stur sein.

Bei der Ankunft in Isfahan das gleiche Problem: Die Stadt darf nicht von Lkw befahren werden. Während Sonja und Klaus noch etwas ratlos die Einfallstraße entlangsehen, werden sie von einem hupenden Laster überholt, dessen Fahrer sie gestenreich auffordert, ihm zu folgen. Tatsächlich führt er sie zu einem Schild, das auf einen Campingplatz deutet. Ein erster Vorgeschmack auf die nahezu grenzenlose Hilfsbereitschaft, die den beiden auf ihrer Reise noch entgegenfliegen sollte.

Ebenso wie die überschwängliche Freundlichkeit, mit der die Menschen Chiccos Kunststücke auf dem Campingplatz beklatschen. Jedes

Männchen, jedes Pfötchengeben wird mit warmem Beifall und belustigtem Jubel gefeiert.

Isfahan ist trotz seiner zwei Millionen Einwohnern eine relativ ruhige Stadt. Ihre Bauwerke jedoch übertreffen jene zahlreicher vorderasiatischer Metropolen um Längen. Allein die Lotfollah-Moschee mit ihren fast überirdisch wirkenden Mosaiken ist eine Reise wert. Ihr eigentlicher Zauber aber liegt in der mit kunstvollen Blumenmustern verzierten Kuppel. Mehrmals täglich wechselt sie im Lauf der Sonne ihre Farbe. Dass sie weder Minarette noch einen Garten besitzt, macht sie nur noch geheimnisvoller.

In Isfahan verbringen Sonja und Klaus einige ebenso entspannte wie interessante Tage. Immer wieder werden sie von Einheimischen angesprochen, wird ihnen Hilfe oder einfach nur eine Tasse Tee angeboten – von Männern ebenso wie von Frauen. Überhaupt machen die Frauen hier einen sehr souveränen Eindruck. Zwar kleiden sie sich gesetzestreu in Kopftuch, Mantel und Hose, alles in gedeckten Farben. Auch der typische Tschador (ein dunkler, fast zeltartiger Umhang) wird hier und dort getragen. Doch wie zahlreiche Frauen auch mal die Haare aus dem Kopftuch spitzeln lassen, wie sie Sandalen oder auch mal Make-up und

518 v. Chr. wurde Persepolis als Königsresidenz gegründet.

lackierte Fingernägel tragen, alleine im Restaurant essen oder sogar eine Wasserpfeife schmauchen, das wäre in den meisten anderen islamischen Regionen undenkbar.

Auch Sonja kommt in den Genuss des Tschadors: Beim Besuch des Schah-Cherag-Mauloseums in Shiraz ist der Umhang für alle Frauen Pflicht, wird aber kostenlos verliehen. Etwas verhalten beginnt Sonja, sich in den schwarzen Stoff einzuhüllen, da kommt schon eine Frau aus einer umherstehenden Gruppe zu ihr und hilft ihr mit sicherer Hand. Erst als alle Frauen zufrieden nicken, darf sie in die Gedenkstätte.

Eine Stätte ganz anderer Art ist das nächste Ziel der Reise: Die Ruinen der legendären Stadt Persepolis. Im Jahr 518 v. Chr. wurde sie als neue Residenz des Königs gegründet und gilt als Wiege der iranischen Kultur. Leider ließen die griechischen Eroberer in ihrer Zerstörungswut von den einstigen Prachtbauten nicht viel übrig. Doch die beeindruckenden Reliefs an den erhaltenen Fassaden zeugen von höchster Steinmetz-Kunst aus längst vergangenen Tagen.

Leider gehört heute auch die letzte Station im Iran zur Kategorie „längst vergangen". Doch als Klaus und Sonja den Iran bereisen, da steht sie noch im Wüstensand, die sagenumwobene Lehmstadt Arg-e Bam. Vermutlich wurde sie bereits im 3. Jahrhundert n. Chr. gegründet, wurde vielfach angegriffen, immer wieder zerstört und immer wieder aufgebaut. Die Lehmziegel, die Sonja und Klaus ehrfurchtsvoll berühren, stammen aus dem 17. Jahrhundert. Ganz frisch dagegen ist der Tee, den die beiden im Teehaus auf der Zitadelle gereicht bekommen.

Zweieinhalb Jahre nach ihrem Besuch wird die Region um Bam von einem schrecklichen Erdbeben erschüttert. Krieg und Zerstörungswut hat die Lehmstadt überlebt – doch diesmal bleibt kein Stein auf dem anderen. Im Dezember 2003 ist dieser magische Ort für immer Geschichte.

Abbildung Seite 32/33:
Die sagenhafte Lehmstadt Arg-e Bam, zweieinhalb Jahre bevor sie einem Erdbeben zum Opfer fiel und vollständig zerstört wurde.

Im Glutofen Pakistans

Senkrecht steht die Sonne am Himmel und lässt den Wüstensand rotgelb glühen. Das Thermometer zeigt 48 Grad im Schatten – doch hier gibt es keinen Schatten. Sonja und Klaus durchqueren die endlose Einöde von Belutschistan. Hier gibt es nur Wüste und verstreute Felsen. Eine Gegend, wie geschaffen für die Schmuggler und Räuberbanden, die sich im Dreiländereck zwischen Afghanistan, Pakistan und dem Iran unbemerkt bewegen und verstecken wollen. Hier, mitten am Ende der Welt, kommt sie immer näher, die Grenze zu Pakistan.

Am Übergang wird der Unimog fast ehrfürchtig empfangen. Sonja und Klaus zeigen ihre Pässe vor, deren Daten ein junger schwarzäugiger Mann mit preußischer Sorgfalt in ein dickes Buch überträgt. Ein anderer Beamter, nicht minder jung und schwarzäugig, gibt den beiden zu verstehen, dass er ihnen den Weg zum Zoll zeigen will. Er öffnet die Beifahrertür des Unimogs, steigt auf das Trittbrett und deutet Klaus an, loszufahren. Wie der Kapitän einer Piratengaleere steht er da und saugt die neidischen Blicke seiner Kollegen auf. Klaus wirft ihm schmunzelnd einen Blick zu, da reißt ihn Sonjas Schrei aus dem amüsanten Augenblick: Drei, vier, immer mehr völlig überladene Lastwagen rasen dem Unimog entgegen – offenbar auf der falschen Fahrspur. „Left, left!", kreischt der junge Grenzbeamte und verliert seinen Freibeuter-Pathos. Natürlich: Pakistan war einst eine britische Kolonie. Hier herrscht Linksverkehr.

Am Zoll angekommen, fühlen sich die beiden Weltreisenden einmal mehr so richtig willkommen. Die Zöllner lachen ihnen mit dunkelgelben Zähnen entgegen, blicken wohlwollend in die Wohnkabine des Unimogs und erledigen die Formalitäten (Stempel, Stempel, Stempel) in wenigen Minuten.

Jetzt beginnt die Fahrt durch den gefährlichsten Teil Belutschistans. Die nächste Stadt, Quetta, liegt gut 600 Kilometer nordöstlich. Die Strecke bis dorthin gehört den Waffenschiebern, Drogenschmugglern und andere

Nichts als Sand und Berge: Belutschistan ist das ideale Versteck für Schmuggler, Räuber und andere Gesetzeslose.

Verbrecher. Für die erste Nacht in Pakistan steuert Klaus ein staatliches Rasthaus an, 120 Kilometer entfernt, in dessen Garten sich die beiden einen sicheren, tiefen Schlaf gönnen.

Der nächste Tag bringt kaum Veränderungen. Schon in den Stunden des frühen Vormittags brennt die Sonne unerbittlich hernieder. Und der Asphalt der Straße, die sich wie ein dünner Faden zum Horizont zieht, wird immer schlechter. Irgendwo ist die Ausbaustrecke zu Ende. Klaus lenkt den Unimog auf die Sandpiste neben der von Schlaglöchern zerfressenen Straße.

Die Sonne hat ihren unerbittlichen Dienst für diesen Tag schon fast vollendet, doch Quetta liegt noch immer nicht in Sichtweite. Undenkbar, bei Nacht in eine völlig fremde Stadt einzufahren. Da taucht im Halbdunkel des Abendrotes ein Militärposten auf. Die Männer dort sind offenbar froh um jede Abwechslung vom immergleichen Soldatenleben und laden die beiden gerne ein, die Nacht im Schutz von Mauern und Stacheldraht zu verbringen. Wie es sich für diesen Teil der Welt gehört, stehen sie alsbald mit einer Kanne frisch gebrühten Tees vor dem Auto und laden Sonja und Klaus zu einem Umtrunk ein. Sonja spendiert eine Packung Kekse und bricht damit endgültig das Eis der Fremdartigkeit.

Klaus weckt Sonja beim ersten Licht des neuen Tages. Rasch sind sie reisefertig, denn das erste Ziel in Pakistan soll bis Mittag erreicht sein. Und tatsächlich vergehen keine zwei Stunden, ehe die Minarette von Quetta am flirrenden Horizont sichtbar werden. Klaus lenkt den Unimog in den Garten des Hotels „Lourdes“. Viele Reisende parken im Schatten der alten Bäume ihr Wohnmobil, wo es nicht nur sicher, sondern auch sehr idyllisch steht. Zwar nur einen Katzensprung vom Stadtzentrum entfernt, liegt eine Ruhe über diesem Ort, welche die Strapazen der bisherigen Reise in wenigen Tagen vergessen macht.

Doch genügt schon ein kurzer Spaziergang durch die Stadt, um alle Gelassenheit mit quietschenden Reifen zu überfahren. Die Straßen sind verstopft, was die Hektik und Ungeduld vor allem der Lkw-Fahrer nur noch weiter schürt. Überall wird gehupt, wird das Gaspedal getreten, kreischen Bremsen. Sonja amüsiert sich köstlich über die bis zum Platzen überladenen Lastwagen. Mit unzähligen Tüchern und Stricken sind die Ladungen fixiert. Es scheint, als genüge ein Wespenstich, und die ganze Konstruktion bräche in sich zusammen.

Sie beschließen, den Rummel hinter sich zu lassen und tauchen ein in das nicht minder quirlige, aber doch weit weniger versmogte Bazarviertel von Quetta. Die Waren und ihre Verkäufer haben eines gemeinsam: Sie sind Vertreter fast aller Teile Zentralasiens. Bilden eigentlich die Baluchies und Patanen die wichtigsten Bevölkerungsgruppen Pakistans, so tummeln sich hier auch viele Männer mit Schlitzaugen. Andere Kaufleute geben sich als Afghanen oder Iraner zu erkennen.

Gar nicht zu erkennen sind dagegen die Gesichter der wenigen Frauen auf den Straßen Quettas. Im streng muslimischen Belutschistan verlassen sie die Häuser nur verschleiert. Doch ist von Frauenfeindlichkeit nichts zu spüren. Die Männer verhalten sich Sonja gegenüber äußerst zuvorkommend und geizen nicht mit höflichen Gesten.

„Zulässiges Gesamtgewicht" ist in Pakistan ein Fremdwort. Lastwagen werden bis zum Platzen beladen.

Die Zeit des Aufbruchs ist gekommen. Die beiden Weltenbummler drängt es nach Islamabad, der noch jungen Hauptstadt Pakistans. Doch zunächst soll der Unimog vom dicken Schleier des belutschistanischen Wüstensandes befreit werden. Gleich außerhalb Quettas entdeckt Klaus eine Autowäscherei. Die grinsenden jungen Männer verlangen mit umgerechnet drei Euro einen stolzen Preis – doch leisten sie auch ganze Arbeit. In allen Ecken und an allen Enden des Wagens wischen und wienern sie herum. Mehrmals versucht Klaus, ihren Eifer zu bremsen, doch beflügelt vom üppigen Haschkonsum sind sie nicht aus ihrem Element zu bringen. Erst nach zwei Stunden scheinen sie zufrieden mit ihrem Werk und geben den Unimog wieder frei.

Die Straße nach Islamabad steckt voller Überraschungen. Da sie gerade ausgebaut wird, besteht sie aus völlig unterschiedlichen und sich scheinbar willkürlich abwechselnden Abschnitten. Astreiner Asphalt macht einer Schotterpiste Platz, nur um sich kurz darauf in eine Schlagloch-Piste zu verwandeln. Mehr als 30 bis 40 Stundenkilometer im Schnitt sind nicht drin, zumal der Verkehr zunimmt und an ein Überholen der abenteuerlich bepackten Lastwagen nicht zu denken ist.

Wegen der zunehmenden Zivilisation ist wildes Campen so gut wie unmöglich. Die Nächte verbringen sie deshalb an Tankstellen am Rande der Straße. Doch die Nachtruhe endet jäh: Da zu jedem Rastplatz auch eine Moschee gehört, werden sie jeden Morgen eine Stunde vor Sonnenaufgang vom durchdringenden Gesang des Muezzins geweckt.

Freude macht sich breit im Führerhaus des Unimogs, als sich die Piste einige Stunden vor Islamabad in eine Autobahn verwandelt. Die letzten 200 Kilometer rauschen wie eine warme Brise am Unimog vorbei, der zielsicher auf den unter Reisenden wohlbekannten Campingplatz „Rose + Jasmin Garden" zusteuert. Diesen blumigen Namen erhielt die Anlage durch den Park, der direkt daneben liegt. Ein Paradies, vor allem für Chicco, der die erste ausgedehnte Gassi-Runde seit Tagen mit wohlwollendem Bellen und wedelndem Schwanz feiert. Auch das viele Grün in der Stadt selbst ist genau nach seinem Geschmack.

Klaus möchte den Aufenthalt in Islamabad auch dazu nutzen, eine dringende Reparatur am Unimog durchzuführen. Seit der Fahrt durch Belutschistan verliert das Druckminderventil Luft. Da es in Pakistan kein passendes Ersatzteil gibt, schickt Klaus eine E-Mail nach Deutschland und bestellt ein neues Ventil. Über die DHL, den Paketdienst der Deutschen Post AG, sollte die Lieferung kein Problem sein. Zumal sich ganz in der Nähe des „Rose + Jasmin Gardens" ein DHL-Büro befindet. „Nur drei Tage" , so die Auskunft dort, sei das Paket unterwegs, ehe es „weitere zwei bis drei Tage" beim Zoll liege und begutachtet werde. Klaus ist beruhigt. Doch nicht lange. Die benachbarten Motorradfahrer auf dem Campingplatz haben offenbar ganz andere Erfahrungen mit der DHL, vor allem aber mit deren pakistanischen Angestellten gemacht. Und diese Erfahrung steht nun auch Sonja und Klaus bevor.

Am Montag gibt Klaus das Paket in Auftrag, am Dienstag erfährt er, es sei bereits unterwegs. Dann beginnt die Woche des Wartens.

Freitag: Im DHL-Büro heißt es, das Paket sei bereits in Pakistan angekommen. Klaus gibt eine Kopie seines Reisepasses ab, unterschreibt ein Formular und soll in ein paar Tagen wiederkommen.

Sonntag: Ein Mitarbeiter empfängt Sonja und Klaus mit der Nachricht, das Paket sei da. Er verschwindet im Hinterzimmer, um sogleich ohne Paket, dafür mit einem weiteren Mitarbeiter wiederzukommen. Er habe sich getäuscht, nicht das Paket sei da, dafür aber die Papiere. Die seien aber bei einem dritten Kollegen im Schreibtisch eingeschlossen.

Montag: Oh, sagt der Mitarbeiter, das sei ein Irrtum gewesen, es seien gar keine Papiere gekommen. Das Paket aber sei am Zoll.

Dienstag: Ja, das Paket sei immer noch am Zoll, mittlerweile den vierten Tag.

Mittwoch: Äh, ja, das Paket liege noch immer am Zoll, mehr könne der freundlich lächelnde Mitarbeiter nicht tun. Jetzt ist es so weit: Klaus platzt der Kragen. Von seiner lauten und scharfen Stimme aufgeschreckt, kommt der Manager des DHL-Büros dazu. Sonja und Klaus reden gleichzeitig auf ihn ein, schildern in unmissverständlichen Worten, wie sie seit Tagen hingehalten werden und dass sich die Mitarbeiter einen Dreck darum scheren, ihnen weiterzuhelfen. Da greift der Manager zum Telefon, ruft die Kollegen vom Zoll in Karatschi an, legt auf und erklärt in freundlichem Ton, dass alles gut werde. Klaus gibt noch einmal eine Passkopie ab, unterzeichnet einen Brief, den der Manager aufsetzen lässt und erhält die entschiedene Zusage, alles werde sofort nach Karatschi gefaxt und alles werde in Ordnung kommen.

Donnerstag: Sonja und Klaus verzichten darauf, schon wieder im DHL-Büro aufzukreuzen.

Freitag: Ein Wunder tut sich auf - das Paket ist da. Eine Woche, nachdem es in Pakistan gelandet ist. Hätte nicht die Hartnäckigkeit zweier Bayern in der Fremde den völlig überforderten Manager eines Paketdienst-Büros zu eiligem Aktionismus gezwungen, läge ein gelber Karton, gefüllt mit einem Druckminderventil und einer Handvoll Styropor-Kügelchen, wohl noch heute in einem dunklen Lager in Karatschi.

Nach diesem erschreckenden Beispiel der Zuverlässigkeit deutscher Unternehmen besuchen Sonja und Klaus als Nächstes eine Einrichtung vom anderen Ende der Welt. Die australische Botschaft in Islamabad wird einmal pro Woche zum Treffpunkt von Reisenden aus aller Welt. Jeden Donnerstag lädt das Haus zum großen „Grillabend". Den Globetrottern steht der Sinn aber nicht hauptsächlich nach Zigeunerspießen und Nackensteaks. Es geht ums Bier, an das man sonst im muslimischen Pakistan nur auf sehr schwierigen Wegen gelangt. Und wie der Mensch halt so gestrickt ist, lechzen auch Sonja und Klaus genau dann nach einem kühlen Gerstensaft, wenn dessen Genuss verboten ist.

So findet sich an jenem Donnerstagabend eine internationale Schar von 21 Reisenden am Tor des Campingplatzes ein, die sich von einem Sammeltaxi zur Botschaft fahren lassen möchte. So ein Kleinbus ist, zählt man die Sitzgelegenheiten ab, für etwa zwölf Personen gedacht. Doch warum sollten Weltenbummler nicht mindestens ebenso stapelbar sein wie die Einheimischen? Stück für Stück, unter wohlmeinender

Eine typische Straßenszene im smogverhangenen Quetta zur Hauptverkehrszeit.

Anweisung des Fahrers, drängen und quetschen sich die 21 Leute in das Fahrzeug. Eine nette Fahrt beginnt, man kommt sich näher. Am Tor der Botschaft kontrolliert ein streng dreinblickender Beamter in einer korrekt sitzenden Uniform die Pässe der Besucher und notiert deren Namen. Dann kann der Spaß beginnen. Punkt 19 Uhr wird die erste Runde „Fosters“ ausgegeben. Die (extra aus Australien eingeflogenen) Steaks duften schon verführerisch vom Grill herüber auf die Terrasse. Zu Preisen, die den Appetit noch erhöhen, schlagen sich alle Anwesenden die Bäuche voll. Bald treffen noch mehr Camper vom „Rose + Jasmin Garden“ ein. Die Stimmung ist ausgelassen und durchwegs friedlich. Bis – ja, bis um Punkt 22 Uhr die letzte Runde ausgerufen wird.

Binnen Sekunden ist der Barkeeper von einer durstigen Schar umgeben und drückt jedem eine letzte Flasche in die Hand. Eine halbe Stunde später werden die Lichter gelöscht. Ein viel zu kurzer Abend. Der aber noch recht lang zu werden droht, denn um diese Zeit kommen keine Taxis mehr zur Botschaft. Doch unter Globetrottern ist die Hilfsbereitschaft groß. Jeder, der mit dem eigenen Auto gekommen ist, lädt so viele Leute ins Fahrzeug, bis die gesamte Grillgesellschaft verstaut ist.

Zurück am Campingplatz züngelt, schon von Weitem sichtbar, ein riesiges Lagerfeuer in den Nachthimmel. Leute jeden Alters, aus Österreich und Holland, aus Frankreich und Schweden, aus Slowenien, Japan, Irland und sonstwoher sitzen in einem großen Kreis beisammen und tauschen ihre Erfahrungen aus.

Sonja und Klaus spitzen die Ohren und gelangen so an viele wertvolle Informationen: Wo es das beste Baguette zu kaufen gibt, wo Chicco gutes Hundefutter bekommt, wo sich der nächste Bankautomat für Visa- und EC-Karten und das günstigste Internetcafé befinden, wo man Fotos entwickeln und Wiener Würstchen kaufen kann. Für Sonja – als Vegetarierin – ist die letztgenannte Information freilich von weniger großer Bedeutung.

Viel interessierter lauscht sie den Berichten der Motorradfahrer, die vor einigen Wochen im Norden Pakistans auf dem Karakorum-Highway unterwegs waren. Diese Pass-Straße führt hoch hinauf ins Gebirge und hin zur pakistanisch-chinesischen Grenze. Der Bau dieser Straße entlang eines Seitenarms der alten Seidenstraße hat viele Arbeiter das Leben gekostet. Man sagt, pro 1500 Meter der 1200 Kilometer langen Strecke sei ein Toter zu beklagen – das sind 800 Opfer in eisiger Kälte, fern der Heimat.

In diese unwirtliche Gegend zieht es die beiden Merchinger als nächstes. Doch zunächst wollen sie in Islamabad noch ein bisschen typisch pakistanische Luft schnuppern. Interessiert und manchmal auch ein bisschen amüsiert sehen sie dem bunten Treiben auf den Straßen der Metropole zu. Überall sitzen Gruppen von Männern beisammen und tauschen den neuesten Klatsch aus. Viele haben ihre Haare oder auch den langen Bart mit Henna in eine tiefrote Farbe getüncht und tragen ihren leuchtenden Kopfschmuck mit andächtigem Stolz. Noch mehr als im Iran wird hier der Sprung in eine andere Welt deutlich. Die typische Bekleidung hat nichts mehr mit den europäischen Modevorstellungen gemein. Trotz der langen britischen Besatzung konnten sich die Lebensgewohnheiten der Engländer kaum durchsetzen.

Islamabad ist eine recht junge Stadt, die erst Mitte der 60er-Jahre zur Hauptstadt des Landes ernannt wurde. Sie scheint komplett am Reißbrett geplant worden zu sein. Alle Straßen laufen geradlinig im rechten Winkel durch die Stadt und teilen diese – wie man es von vielen nordamerikanischen Metropolen kennt – in eine Art Schachbrettmuster. Und wie beim Schach werden die einzelnen quadratischen Bezirke alphabetisch und numerisch geordnet. Das mag zwar wenig charmant klingen, hat aber den Vorteil, dass der Verkehr weitgehend frei von Chaos fließt.

Als Sonja, Klaus und Chicco von einem ihrer ausgedehnten Spaziergänge durch die Stadt zum Campingplatz zurückkehren, sehen sie ein

Bild Seite 43:
Mit Stolz tragen pakistanische Männer ihre Henna-gefärbten Bärte.

Pakistanische Bus- und Lkw-Fahrer lassen ihre Fahrzeuge für viel Geld in rollende Schmuckkästchen verwandeln.

Fernsehteam, das offenbar bevorzugt weibliche Touristen ans Mikrofon bittet. Und ehe sich Sonja versieht, wird auch sie gefragt, wie Pakistan mehr für seine Touristen tun könne. Leider weiß sie ebenso wenig eine Antwort darauf wie auf die Frage, wie das Land seine Werbung verbessern solle. Offenbar ist Pakistan bemüht, den Tourismus voranzutreiben.

Beim abendlichen Lagerfeuer erzählt auch Ken, ein Australier, von seiner Begegnung mit dem Fernsehteam. Er machte zunächst mit höflichen, später mit sehr deutlichen Worten auf den vordergründigsten Mangel des Landes aufmerksam: Nämlich auf die schamlose Angewohnheit pakistanischer Männer, an jedem ihnen beliebenden Ort ihr großes Geschäft zu verrichten. Wer sich auf deutschen Fußwegen über Hundehäufchen aufregt, dem sei empfohlen, sich barfuß einen Weg durch einen Grünstreifen irgendwo in Pakistan zu bahnen. Die anschließende Fußwäsche möge er bitte mit aller Sorgfalt betreiben.

Von Islamabad sind es nicht viel mehr als 100 Kilometer bis Havelian, dem südlichen Endpunkt des Karakorum-Highways. Klaus hat den Unimog längst repariert und kann es schon kaum erwarten, endlich wieder den Asphalt unter sich zu spüren.

Bei der Fahrt aus Islamabad hinaus bemerkt Sonja noch einmal, wie auffallend schön die pakistanischen Lastwagen geschmückt sind. Jeder Lkw-Fahrer, der etwas auf sich hält, gibt ihn in die Hände eines Fachmanns, der mit einer fast überzogenen Liebe zum Detail einen jeweils einmaligen Aufbau mit endlosen Bändern, Nägeln und sonstigen Details konstruiert. So entstehen absolute Unikate, rollende Schmuckkästchen, die aber schon alsbald unter der gnadenlosen Last ihrer überdimensionierten Ladungen zu bersten drohen. Auf der Fahrt nach Havelian begegnen ihnen noch zahlreiche dieser beinahe kitschigen Gefährte, diesmal übrigens alle auf der „richtigen" Straßenseite.

Kein Schild weist auf den Beginn des Highways hin. Wenige Kilometer nach Havelian streift die Strecke den ehemaligen britischen Militärposten Abbottabad, heute Sitz der pakistanischen Militärakademie. Die Schuljungen tragen brav ihre Uniformen mit Krawatte. So ganz ist England eben doch noch nicht aus Pakistan verschwunden.

In Thakot überquert der Unimog zum ersten Mal den Indus, der die Reisenden von nun an 340 Kilometer lang begleiten wird. Auch das Motel in Besham, wo sie übernachten, liegt direkt am Fluss. Hier treffen sie auf Motorradfahrer aus Islamabad, mit denen sie abends noch zusammensitzen und über die Abenteuer der vergangenen, aber auch der kommenden Monate fabulieren.

Vor Jial kommt der klare Dubair-Fluss von den Bergen herabgestürzt und fließt in die braune Brühe des Indus. Fast widerwillig drängt sich das grüne Bergwasser durch die dicke Suppe, ehe es sich dem Strom ergibt und sich in seinen schäumenden Wellen auflöst.

In dieses Schauspiel drängen sich zwei Knaben mit ihrer selbst gebastelten Seifenkiste. Räder aus ausgedienten Kugellagern und eine Bremse aus einer alten Sandale – Klaus ist fasziniert von der wackeligen Konstruktion und möchte damit unbedingt auch einmal die stark abfallende Pass-Straße hinabrasen. Doch scheint seine hochgewachsene Statur etwas zu mächtig für die kleine Kiste zu sein. Erst als ihn die beiden Jungs mit vereinten Kräften und begleitet von herrlich ansteckenden Lachsalven anschieben, gewinnt er an Fahrt.

Nicht bergab, sondern immer weiter steil bergauf geht dagegen die weitere Fahrt für den Unimog. Hinter den Wolken taucht immer wieder der 8125 Meter hohe Nanga Parbat auf und gibt den Blick auf seinen majestätischen schneebedeckten Gipfel frei.

Im nächsten Ort, Gilgit, wird den beiden einmal mehr bewusst, dass Frauen in Pakistan offenbar nicht zum Straßenbild gehören. Nur Männer und Kinder sind zu sehen. Doch schon in der nächsten Ortschaft scheinen sie eine unsichtbare Grenze überfahren zu haben: Je tiefer sie ins Gebirge eindringen, desto mehr Frauen laufen durch die Straßen, desto heller werden die Mienen der Menschen, desto mehr Offenheit und Freundlichkeit schlägt ihnen entgegen.

Weniger freundlich wirken die Gesteinsbrocken links und rechts der Straße. Alle paar Kilometer sind Straßenarbeiter in Zelten postiert, um die Strecke von eventuellen Erdrutschen und Steinschlägen zu befreien.

An einem kühlen Nachmittag erreichen sie Sost, die letzte Siedlung vor der Grenze. Klaus erledigt gerade die Pass- und Zollformalitäten, als Sonja in der Wohnkabine aufschreckt: Durch den veränderten Luftdruck in 3000 Meter Höhe haben sich die doppelwandigen Fenster aufgebläht. Schnell entfernt sie die Sicherungen und mit einem lauten Zischen weicht die Luft aus den Fenstern. Das ist noch mal gut gegangen.

In diesem Augenblick kommen die Motorradfahrer vom Pass herunter. Sie waren an der Grenze, hatten allerdings Schnee und Kälte völlig unterschätzt. Bei einer heißen Tasse Tee in einem nahe gelegenen Hotel tauen ihre Launen langsam wieder auf. Sie verzichten auf eine gemütliche Nacht in einem gemachten Bett und fahren gleich weiter nach Islamabad. In diesem Augenblick wird Sonja und Klaus einmal mehr bewusst, wie viel Luxus sie doch in ihrem Unimog genießen.

Am nächsten Morgen haben sich die Wolken verzogen. Der blaue Himmel lädt unwiderstehlich ein, ihm auf dem Karakorum-Highway entgegenzufahren. An den Kontrollposten entlang der Strecke werden Sonja und Klaus bereits erwartet. Beim Anblick des bulligen Unimogs scheinen die Beamten jedes Mal völlig aus dem Häuschen zu sein. In Dee müssen sie vier US-Dollar Eintritt in den Kunjerab-Nationalpark bezahlen, doch dessen „Bewohner" sind allein schon jeden Cent wert: Auf beiden Seiten der Straße recken sich putzige kleine Murmeltiere aus ihren Höhlen und verfolgen die exotischen Besucher mit ihren neugierigen Blicken.

In engen Serpentinen schlängelt sich die Straße den sonnenüberfluteten Berg empor. Nach der letzten Kurve markieren zwei weiße Obelisken das Ziel der Fahrt: Die Grenze zu China ist erreicht. Rund um das Plateau tut sich ein atemberaubendes Panorama auf. Schneebedeckte Gipfel, von der ungetrübten Sonne in Flammen gesetzt. Ein strenger Kontrast zu der eisigen Kälte, die trotz des schönen Wetters herrscht. Das Thermometer bleibt bei bescheidenen drei Grad stehen.

Sonja und Klaus verlangt es nach Wärme. Nach Sonne. Nach einem stillen Ort, irgendwo am Meer. Sie steigen wieder in den Unimog und füllen Chiccos Fressnapf. Ihre Gedanken sind nach Süden gerichtet. Dort wartet ein Ziel auf sie, voller Gegensätze und mit nicht weniger Geheimnissen: Indien, das vielleicht unglaublichste Land auf diesem Planeten.

Bild Seite 48/49:
Sonja und Klaus haben die Auffahrt des Karakorum-Highways geschafft und die Grenze zu China in 4700 Metern Höhe erreicht.

PAKISTAN
7
(I)

GERMANY

Ruhe unter Palmen

Der Grenzübertritt nach Indien läuft anfangs glatt – zu glatt. Denn schon beim Zoll beginnt das Chaos. Da Sonja und Klaus von vier Motorradfahrern vom „Rose + Jasmin Garden“ begleitet werden, hat die Grenzbeamtin fünf Fahrzeuge auf einmal zu bearbeiten. Prompt verwechselt sie die „Carnets de Passage“ des Unimogs mit denen eines australischen Biker-Paares. Für das Carnet hatte Klaus 16 000 Mark beim ADAC hinterlegen müssen. Es wird bei der Ein- und Ausreise in jeden Staat abgestempelt und dient als Beleg, dass das Fahrzeug nicht etwa im Land verkauft werde, sondern wieder ausgeführt wird.

Die junge Frau am Zoll hat aus Klaus' Carnet zwei Blätter herausgerissen. Den Australiern dagegen fehlt der Beleg, mit einem Motorrad eingereist zu sein. Von beiden Seiten mit Beschuldigungen und lautstark vorgetragenen Aufforderungen, die Sache wieder ins Reine zu bringen, offenbar überfordert, ruft die Beamtin nach ihrem Chef. Der händigt den überschüssigen Zettel aus dem Carnet wieder aus, notiert einige erklärende Worte auf das Papier, versieht es mit den unvermeidlichen Stempeln und tackert alles fachmännisch zusammen. Ein Provisorium, aber eines, das dank unzähliger Stempel sehr offiziell wirkt.

Flankiert von den Motorradfahrern lenken sie den Unimog nun nach Amritsar. Die verhältnismäßig kleine Stadt ist wie geschaffen für Indien-„Neulinge“, sich an die Gebräuche und an den Rhythmus des Landes zu gewöhnen.

In der Stadt angekommen, begeben sich die Reisenden auf die Suche nach „Mrs. Bhandaris Guesthouse“. Ein zufällig vorbeikommender Radfahrer schnappt diesen Namen auf und bittet mit einladenden Gesten, ihm zu folgen.

Da strampelt er wie ein Besessener auf seinem Drahtesel, während ihm ein Tross von vier schwer beladenen Motorrädern und einem bulligen Unimog langsam folgen und dabei eine gigantische Staubwolke hinter

Der „Goldene Tempel" ist das größte Heiligtum der Sikhs. Er ist ein Ort des Friedens und steht Menschen aller Völker und Religionen offen.

sich herziehen. Bei allem Humor, der über dieser Szene liegt: Sonja und Klaus sind sehr berührt von der aufopferungsvollen Hilfsbereitschaft dieser so schlicht wirkenden Menschen.

Obwohl das Guesthouse längst von ihren Töchtern geführt wird, lässt sich Mrs. Bhandari ab und zu im Garten blicken. Die 94-jährige Greisin liegt dann – in unzählige Decken gehüllt – in der Sonne oder sieht ihren Enkelkindern beim Spielen zu.

In Amritsar lernen die beiden eine neue Art der Fortbewegung kennen und lieben: die Fahrrad-Rikscha. Da der Verkehr in Indiens Städten ohnehin vom Fahrrad bestimmt wird, passen sich Sonja und Klaus auf diese Weise optimal an das Tempo des Landes an. Viele Passanten radeln eine Weile neben der Rikscha her und sprechen die zwei Europäer mit lachenden Gesichtern an, woher sie denn kämen, wie sie nach Indien gelangt seien und dass Deutschland ein schönes Land sei.

Amritsar ist für eine Sehenswürdigkeit weltberühmt. Der „Goldene Tempel" leuchtet, wie sein Name schon sagt, in allen Goldtönen in der

Sonne. Der Tempel ist das höchste Heiligtum der Sikhs. Wer den Tempel betreten will, muss seine Füße entkleiden, dafür aber eine Kopfbedeckung tragen. Das sanfte Plätschern des Teichs, der den Tempel umgibt, und die hauchzarten Gesänge aus dem Lautsprecher legen die gesamte Szenerie in einen anmutigen Zauber. Im Inneren des Tempels sitzen Raghis, hoch verehrte Sänger, die aus dem heiligen Buch „Adi Granth" zitieren. Noch bis tief in die Nacht sitzen Sonja und Klaus am Ufer des Teichs und saugen die friedliche Atmosphäre mit allen Sinnen auf. Immer wieder kommen Einheimische und Pilger auf sie zu und sprechen sie freundlich an.

Von einem greisen Mann mit tiefen Augen unter einem kunstvoll aufgetürmten Turban erfahren sie, dass die vier in alle Himmelsrichtungen zeigenden Eingangstore die Offenheit und Toleranz der Sikhs symbolisieren. Es ist ein Platz des Friedens und steht Menschen aller Völker und aller Religionen offen. In der untergehenden Sonne werfen sie einen letzten Blick auf die nun rotgolden glühenden Fassaden des Tempels.

Nur im zarten Licht der Morgensonne sieht man den Palast der Winde in seiner ganzen Pracht.

Schon am nächsten Morgen hat die Straße sie wieder. Das sagenumwobene Jaipur liegt zwei Tagesetappen entfernt. Sie wird auch „Rosa Stadt“ genannt, denn zahlreiche Gebäude in ihrem historischen Zentrum schimmern in einem pastellroten Ton. Wer darin die ursprüngliche Farbe des Baustoffs vermutet, liegt völlig falsch. In Indien sollte man sich nie auf das Vordergründige verlassen. Vielmehr wurden die Häuser zu Ehren eines Kolonialherren eingefärbt. Im Jahr 1876 besuchte Prinz Albert (der spätere König Edward VII.) die Stadt. Ihm zu Ehren wurden alle Gebäude innerhalb der damaligen Stadtgrenzen in königliches Rot getüncht.

Die Farbe blieb auch nach dem Besuch. Und wird auch in Zukunft das Bild Jaipurs prägen, denn die gesamte heutige Altstadt steht unter Denkmalschutz.

Sonja und Klaus stellen ihren Unimog im Garten eines Hotels ab. Zahlreiche Weltenbummler nutzen die parkähnliche Anlage als Campingplatz. Die Nähe zum Hotel gibt nicht nur ein Gefühl von Sicherheit, sondern auch die Gewissheit, jeden Abend einen nach tausend Gewürzen duftenden Leckerbissen auf den Teller zu bekommen.

Die erste Nacht in Jaipur verläuft ruhig, endet aber allzu früh. Wer das schönste Gebäude der Stadt in seiner ganzen Pracht sehen will, muss im Morgengrauen aus den Federn. Nur Chicco schnarcht friedlich weiter vor sich hin, während ihm Sonja einen Fressnapf füllt.

Schon fast wie aus Gewohnheit winkt Klaus eine Fahrrad-Rikscha heran. Im Gegensatz zu den beiden wirkt der Fahrer bestens ausgeschlafen und versprüht mit seinem spitzbübischen Humor viel gute Laune.

Dann taucht er auf, im vollen Sonnenlicht: der Palast der Winde. Mächtig ragt seine Fassade in den Morgenhimmel. Fast trutzig streckt er seine unzähligen Erker und Balkone dem Betrachter entgegen. Sie dienten einst den Haremsdamen des Maharadschas als Aussichtsplattformen aus ihrem immergleichen Alltag hinaus auf das bunte Treiben in den Straßen der Stadt.

Ein hilfsbereiter Hausbesitzer, der genau gegenüber dem Palast wohnt, gestattet Klaus, vom Dach seines Hauses zu filmen. Erst aus dieser

Perspektive nehmen sie diesen unfassbaren Bau in seiner ganzen Dimension wahr und sehen auch die Berge rund um Jaipur, auf denen etliche Militär-Forts thronen.

Doch lernen sie in Jaipur auch zum ersten Mal die andere Seite Indiens kennen. Wann immer der Rikscha-Fahrer von den Hauptstraßen abweicht, wird das ganze Elend des Landes deutlich. Die Nebengassen sind gesäumt von Menschen, die in bitterster Armut auf der Straße leben. Ihre ganze Habe hängt in Beuteln an der Mauer. Die Kinder spielen nackt im Dreck, während neben ihnen traurig blickende Kühe den Müll von der Straße fressen.

Umso mehr sind Sonja und Klaus nun von der Geschichte und dem Wahnsinn ergriffen, der sich hinter ihrem nächsten Ziel verbirgt. Das Taj Mahal ist ohne Zweifel das prunkvollste Grabmal dieser Erde. König Shah Jahan hat es für seine Lieblingsfrau Mumtaz Mahal bauen lassen, nachdem sie bei der Geburt des 14. Kindes gestorben war. Er wollte damit allen zeigen, wie sehr er sie geliebt hat. Nur die besten und teuersten Materialien waren gut genug für das Bauwerk und während der Bauzeit von 22 Jahren wurde der Staat dadurch fast in den Ruin getrieben.

Als er seine Pläne offenlegte, für sich selbst auf der anderen Seite des Flusses das gleiche prunkvolle Grabmal in Schwarz errichten zu lassen, erkannte Aurangzeb, des Königs Sohn, den Größenwahn, der seinen Vater umgab, und er stürzte diesen vom Thron. Shah Jahan wurde in das nahe gelegene „Rote Fort“ verbannt. Von dessen Dach aus konnte er noch acht Jahre lang sein Lebenswerk betrachten, ehe er dort neben Mumtaz Mahal bestattet wurde.

Das Taj Mahal liegt nahe der Stadt Agra. Wieder suchen Sonja und Klaus den Schutz eines Hotels als Standort für ihr Auto. Das Hotel Laudis stammt noch aus der britischen Kolonialzeit. Von einem Dankesschreiben für die königliche Unterbringung aus dem Jahr 1961 lacht Queen Elisabeth den Hotelgästen entgegen. Es müssen die besseren Tage des Hauses gewesen sein, denn nun wirkt der Bau innen wie außen sehr heruntergekommen.

Das Taj Mahal ist das prunkvollste Grabmal der Welt. Sein Bau hätte das Land beinahe in den finanziellen Ruin getrieben.

Doch die Freundlichkeit des Personals lässt jeden Makel vergessen. Sie bekommen einen schattigen Stellplatz zugewiesen und erhalten die ausdrückliche Erlaubnis, jederzeit in einem freien Zimmer die Dusche oder Toilette zu benutzen und nehmen dieses Angebot sehr gerne an.

Als sie das Taj Mahal (natürlich mit einer Fahrrad-Rikscha) erreichen, stehen sie vor verschlossenen Toren. Entgegen einer früheren Tradition kann man das Denkmal freitags nicht mehr gratis betreten. An diesem Tag ist der Besuch ausschließlich Muslimen für das traditionelle Freitagsgebet vorbehalten. Die Polizei wacht mit Argusaugen darüber, dass kein Fremder dem Bau zu nahe kommt.

Umso größer ist der Andrang tags darauf. Und das kalte Schaudern, als sie die Eintrittspreise erfahren. Während Einheimische nur 20 Rupien bezahlen (etwa 50 Cent), müssen Touristen 960 Rupien auf den Tresen legen. Das ist immerhin die 48-fache Summe. Die 25 Rupien für die Kamera fallen da schon nicht mehr ins Gewicht.

Wer sich in Indiens Städten schnell und stressfrei fortbewegen möchte, der wählt am besten eine Fahrrad-Rikscha.

Allerdings darf Klaus nur im Eingangsbereich des Taj Mahal filmen, keinesfalls aber im Inneren. Auch der Einsatz des Stativs wird ihm – warum auch immer – untersagt. Doch auch der sturste Aufseher kann die beiden nicht davon abhalten, morgens um 5.45 Uhr als erste in einer schier endlosen Schlange vor dem Kassenhäuschen des berühmtesten Bauwerks Indiens zu stehen und Punkt 6 Uhr die aufwendig gepflegte Anlage zu betreten.

Der Weg führt durch einen langen Park, ehe sie das Tor zum eigentlichen Palast durchschreiten. Nach der kräftigen Morgensonne stehen sie zunächst wie blind in dem düsteren, kühlen Raum. Nur langsam erreicht das Licht, das durch die filigran gearbeiteten Marmorfenster dringt, ihre Augen.

Auch die beiden Sarkophage sind von äußerst kunstvoll behauenen Marmorwänden umgeben. In immer neuen Mustern und Farbspielen wurden Tausende und Abertausende von Halbedelsteinen in den Marmor eingelassen. Ein allzu süßer Prunk, ja. Doch einer, der das Auge noch Stunden später schmeichelt.

So begeisternd und faszinierend die vielen neuen Eindrücke Indiens auch auf Sonja und Klaus wirken, schon nach wenigen Wochen fühlen sie sich platt und sehnen sich nach Ruhe. Weihnachten rückt immer näher und dieses Fest wollen sie am liebsten unter wedelnden Palmen am Strand des Indischen Ozeans feiern. Goa heißt nun das Ziel ihrer Sehnsüchte.

Mehr als 1800 Kilometer südwärts schnauft der Unimog sechs Tage lang, ehe er seine „Passagiere" in den kleinsten indischen Bundesstaat trägt. Goa hat mit dem restlichen Indien nicht viel gemein. Die Bevölkerung lebt größtenteils in guten Verhältnissen, rund drei Viertel können lesen und schreiben. Im Jahr 1961 wurde Goa aus der portugiesischen Kolonialherrschaft entlassen. Schon wenige Zeit später kamen Aussteiger und Hippies aus Nordamerika und ganz Europa hierher, um an diesem vom Schöpfer begnadeten Landstrich ein Leben ohne Sorgen, dafür mit Sonne, Meer und Frieden zu führen.

Dieses Lebensgefühl umgibt auch die beiden Weitgereisten bei ihrer Ankunft irgendwo inmitten von 100 Kilometern schneeweißen Sandstrands. In einem kleinen schattigen Palmenhain, postkartenidyllisch in einer ruhigen Bucht gelegen, darf sich der Unimog von den Strapazen der bisherigen Fahrt ausruhen. Er ist in bester Gesellschaft, denn in unmittelbarer Nachbarschaft stehen fünf weitere Reisemobile.

Dieser gottgesegnete Platz lässt jeden Urlaubstraum in Erfüllung gehen. Während Sonja gleich ihren Bikini auspackt und die fünfzehn Schritte vom Stellplatz ins Meer bewältigt, knüpft Klaus seine Hängematte zwischen zwei Palmen auf und lässt sich den sanften Meereswind um die Nase pusten. Milde 30 Grad im Schatten, die sich nachts auf angenehme 20 Grad abkühlen – Mensch, was willst du mehr? Nicht einmal Moskitos oder andere Stechgesellen lassen sich blicken. Klaus schmunzelt und döst im leisen Rauschen des Meeres davon.

Als ob diese ganze Szenerie noch nicht süßlich genug wäre, fällt Sonja mit einem Mal das mitgebrachte Arsenal an weihnachtlichen Leckerbissen ein. All die Zeit lagen die köstlich zuckrigen Dominosteine, Marzipanriegel und Schokoladenkekse unberührt in einem leeren Wasserkanister versteckt. Jetzt, eine Woche vor Weihnachten, ist der Augenblick gekommen, die Vorräte zu plündern. Nur die Lebkuchen verschmähen sie, die sind ganz traditionell für Heiligabend vorgesehen.

In Goa ist Klaus besonders glücklich über das Motorrad, das seit der Abfahrt am Heck des Unimogs hängt und nur für gelegentliche Ausfahrten genutzt wurde. Hier ist es das ideale Fortbewegungsmittel. Gleich am zweiten Tag setzen sich die beiden auf das Bike und erkunden die Umgebung. Bereits in der Nachbarbucht „Palolem Beach“ wird ihnen bewusst, wie viel Glück sie mit der Wahl ihres Standortes hatten. Denn während sie ihre Zeit in Goa in einer traumhaft entspannenden Ruhe genießen, tobt hier der touristische Trubel. Internet-Cafés, Supermärkte, Bars und Restaurants wechseln sich mit Geldwechselstuben und Souvenir-Ständen ab. Sogar eine „German Bakery“ fehlt hier nicht.

Für alle künftigen Einkaufstouren steuern sie das nahe gelegene Örtchen Agonda an. In fünf kleinen Krämerläden bekommen sie Butter, Käse und Milch. Mit Fisch, Gemüse und Obst versorgen sie sich im 14 Kilometer entfernten Chaudi. Frische Brötchen liefert ein Bäcker jeden Morgen direkt an den Strand. Leider weckt er die Schlafenden mit seiner durchdringenden Hupe recht unsanft. Doch wer möchte schon auf den Luxus, durch das Schlafzimmerfenster köstlich duftende Backwaren gereicht zu bekommen, verzichten?

Über die Feiertage treffen immer mehr Reisende ein. Motorräder, Autos und Wohnmobile finden ihre Plätze in dem lauschigen Palmenhain. Insgesamt mögen es wohl um die 20 Leute aus aller Herren Länder sein, die nun der bevorstehenden Silvesternacht entgegenfiebern.

Zwei Frauen aus Holland und der Schweiz organisieren in einem der Strandrestaurants ein großes Silvesterbüffet für die ganze illustere Gesellschaft. Zum Jahreswechsel selbst soll ein riesiges Lagerfeuer den Strand erhellen.

Doch der Morgen des 31. Dezember beginnt mit einer erdrückenden Schwüle, gefolgt von heftigem Wind, der dunkle Regenwolken vom

Meer herübertreibt. Um die Mittagsstunde fallen dicke Regentropfen, die mit lautem Knall auf dem Dach des Unimogs zerplatzen. Eine Stunde lang können die beiden ihre Blicke nicht vom Wasser speienden Himmel abwenden. Sollte das so herrlich ungezwungen geplante Fest tatsächlich ins Wasser fallen?

Oh nein. Noch ehe die Reisenden der Mut verlässt, erkämpft sich die Sonne ihr Revier zurück. Durch den Regen ist die Luft noch dampfiger als vorher. Das Thermometer ist auf satte 35 Grad geklettert. Daher öffnen sie alle Fenster des Unimogs und kippen die Dachluken, bevor sie zur Feier gehen. So kann Chicco den Jahreswechsel in einer lau-luftigen Atmosphäre feiern. Sonja bereitet ihm ein besonders exquisites Festmahl in seinem Napf zu. Der treue Hund bedankt sich mit freudigem Bellen und wedelt seinem Frauchen mit dem Schwanz kühle Luft zu.

In Goa fühlen sich Sonja und Klaus dem Paradies ein gutes Stück näher. Im Schatten der Palmen feiern sie Weihnachten und Silvester.

Der Wirt des Restaurants gibt alles: Auf dem Büffet türmen sich köstliche Fischgerichte und gegrillte Hähnchen, es gibt Reis, Salate und Soßen in allen Variationen und als Krönung hausgemachten Vanillepudding mit frischen Früchten. Die Stimmung ist prächtig, als die Feiernden beschließen, das Feuer am Strand zu entzünden.

Beim ersten Schritt nach draußen kommt der Schock: Wieder fallen fingerdicke Regentropfen vom Himmel. Von Sekunde zu Sekunde wird der Schauer heftiger und überschwemmt bald den ganzen Sandstrand. Die Truppe versucht, sich unter ein Dach aus getrockneten Palmblättern zu drängen, doch versagt dieses unter dem immer stärker werdenden Druck des prasselnden Regens seinen schützenden Dienst.

Wie alle anderen nehmen auch Sonja und Klaus ihre Beine in die Hand und spurten zu ihrem Auto. Die offenen Fenster haben genug Wasser in die Wohnkabine gelassen, um die Küchenzeile und den Fußboden mit feuchten Flecken zu übersäen. Chicco blickt sie aus unschuldigen Augen traurig an. Hätte er doch nur Finger zum Greifen – er hätte die Fenster ruckzuck geschlossen. So aber bleibt nur der gezielte Einsatz des Wischlappens. Ein Blick aus dem Fenster auf die geschäftigen Bewegungen in den anderen Autos bestätigt, dass auch dort geöffnete Fenster für die eine oder andere Überschwemmung gesorgt haben.

An ein Feuer ist nicht mehr zu denken. Stattdessen erleben Sonja und Klaus zum ersten Mal seit ihrer Kindheit eine Silvesternacht gemütlich im Bett. Durch das Fenster bestaunen sie das bunte Feuerwerk, das die Wirte der umliegenden Strandrestaurants in den pechschwarz bewölkten Nachthimmel schießen.

Noch bis zum Mittag des 1. Januar hält der Regen an, dann liegt die verträumte Bucht wieder in wolkenlosem Sonnenschein. Und schon kommen aus allen Autos die Reisenden gekrochen, rufen sich in einem babylonischen Sprachenmix die besten Glückwünsche fürs neue Jahr zu und suchen sich die schönsten Liegeplätze im Sand.

Aus seiner Hängematte entdeckt Klaus eine Gruppe Delfine, die in den leichten Wellen des Indischen Ozeans um die Wette springen. Als Sonja die lustigen Tümmler sieht, zieht es sie unaufhaltsam zu ihnen hinaus. Gemeinsam mit einem weiteren Paar mieten sie das Boot eines Fischers und lassen sich aufs Meer hinausrudern. Während Chicco am Strand seiner Lieblingsbeschäftigung nachgeht – ein kleines Nickerchen im Schatten der Palmen zu halten – erreicht das Boot bald die Stelle, an der noch vor einer Stunde die Delfine ihre Kunstsprünge vollführten. Nun sehen sie hier nichts als die ruhende See.

Wer könnte diesen süßen Früchten widerstehen?

Der Fischer und sein Helfer trösten die enttäuschten Paare mit etwas Gebäck und frisch gebrühtem Tee, da tut sich mit einem Mal das Meer auf: Keine 30 Meter entfernt springt ein riesiger Rochen mannshoch aus dem Wasser und taucht mit einem lauten Klatscher wieder ein. Ein derart imposantes Schauspiel hatten die vier nicht erwartet und wollen sich schon damit zufriedengeben, als sich die ersehnten Meeressäuger doch noch blicken lassen. Mit ihren ausgelassenen Sprüngen begeistern sie die „Landratten" und heimsen kräftigen Applaus ein.

Die Tage in Goa vergehen wie im Flug. In Anjuna besuchen Sonja und Klaus den berühmten wöchentlichen Flohmarkt, wo sie zum ersten Mal einen Schlangenbeschwörer aus der Nähe sehen. Zwischen all den Gauklern und Fakiren kann man sich auch die Ohren reinigen lassen. Die fleißig bohrenden Männer recken nach jeder Anwendung stolz die Stäb-

Chicco in der Wüste.

chen in die Höhe und deuten auf die dicken gelben Batzen, die von ihnen rinnen.

Sonja und Klaus sind schon dabei, sich an das süße Nichtstun zu gewöhnen, als sie die Sehnsucht wieder auf die Straße treibt. Indien ist ein riesiges Land voller Schätze, die es zu entdecken gilt. Sie verabschieden sich von ihren neu gewonnenen Freunden, begleiten Chicco auf eine letzte Gassi-Runde zwischen den schattigen Palmen und starten den Unimog. Die Fahrt nach Kajuharo, wo es viele außergewöhnliche Tempel zu sehen gibt, dauert eine gute Woche.

Knapp 150 Kilometer vor der Stadt verliert Klaus im Halbdunkel der Abenddämmerung den Weg. Sie beschließen, den Unimog abseits der Straße abzustellen und hier zu übernachten. Es sollte die schlimmste Nacht ihrer Reise werden.

Sonja gibt Chicco noch einmal zu Fressen und legt sich zu Klaus ins Bett. Etwa eine Stunde später werden sie von qualvollem Winseln geweckt. Chicco ist unruhig und will sich nicht hinlegen. Klaus sucht seinen Bauch ab und findet einige Kletten, die er sofort abnimmt. Doch Chicco winselt weiter und steht vor der Tür. Draußen ist stockfinstere Nacht. Sie drehen eine kleine Runde mit ihrem Hund. Doch Chicco ist offenbar nicht in der Lage, sein „Geschäft" zu verrichten. Als sie ins Auto zurückkehren, würgt er heftig. Erneut verlassen sie den Wagen, um Chicco noch etwas Auslauf an frischer Luft zu gönnen. Sein Würgen wird immer stärker, doch er kann sich nicht übergeben.

Noch einmal tastet Klaus den Bauch des Briard-Rüden ab und bemerkt, wie angeschwollen und fest er ist. Mit entsetzten Augen blickt er zu Sonja auf: „Chicco hat eine Magendrehung", sagt er und spricht aus, was Sonja längst befürchtet hat. Es ist Chiccos Todesurteil. Binnen einer Stunde müsste er auf dem Operationstisch eines erfahrenen Tierarztes liegen, um überhaupt noch eine Chance zu haben.

Hier in der Wildnis ist sein Schicksal besiegelt. Unter Tränen betäubt Klaus seinen Hund mit einer Salbe, die er ihm auf die Lefzen streicht. Chicco wird ruhig. Dann zieht Klaus eine Spritze auf, die den tapferen Rüden für immer von seinen Schmerzen befreit. Sonja weint bitterlich und umarmt das sterbende Tier.

Mit Hacken und Schaufeln graben sie ihrem treuen Begleiter auf so vielen Reisen ein staubiges Grab. Sie legen Chicco hinein und decken ihn mit Erde und einem Berg von Steinen zu. So ist er wenigstens vor wilden Tieren geschützt.

In dieser Nacht machen Sonja und Klaus kein Auge zu. Im ersten Licht des neuen Tages fahren sie los. Nach Tempeln ist ihnen nicht mehr zumute. Varanasi am heiligen Fluss Ganges heißt ihr neues Ziel. Beide können ihre Blicke nicht vom Rückspiegel nehmen, in dem sie durch einen Schleier von Tränen das Grab ihres vierbeinigen Freundes immer kleiner werden sehen, ehe es sich im Rot der Morgensonne auflöst.

Im Licht der aufgehenden Sonne sagen Sonja und Klaus ihrem treuen Begleiter Chicco ein letztes Mal Lebewohl.

Unter dem Dach der Welt

Varanasi ist ein schrecklicher Ort. Reiseführer preisen ihn gerne als die „indischste aller indischen Städte" an. Doch ist Indien wirklich in erster Linie dreckig, laut und aggressiv? Varanasi jedenfalls ist vor allem das. Der Verkehr ist nichts als ein gigantischer, sich über Quadratkilometer ausbreitender Stau. An jeder Straßenecke vegetieren die Ärmsten der Armen vor sich hin. Häuser sind verfallen und bröckeln vor sich hin.

Als der Unimog bei der Einfahrt in Varanasi an einer unüberschaubaren Kreuzung zwischen Autos, Lastern und Motorrädern eingekeilt ist, werden Sonja und Klaus auf einmal von einem dumpfen Schlag durchgerüttelt. Im Rückspiegel erkennt Klaus, dass eine Motorrad-Rikscha beim Überholversuch an der Einstiegsleiter zur Wohnkabine hängen geblieben ist und diese abgerissen hat. Da die Straßen verstopft sind, kommt der Fahrer nicht weit. Klaus verstellt ihm den Weg und fordert ihn auf, den Schaden zu bezahlen. Der Mann zuckt mit den Schultern und sagt in gebrochenem Englisch, er habe kein Geld. Da kommt auch schon ein Polizist dazu – und mit ihm eine Schar von Schaulustigen.

Im Trubel der Diskussionen schafft es der Rikscha-Fahrer tatsächlich, sich heimlich und leise davonzustehlen. Nun lastet alle Verantwortung auf den schmalen Schultern des hilflos gestikulierenden Polizisten. Passanten schieben die Rikscha zur Seite, damit der Verkehr wieder fließen kann, sofern man in Varanasi von fließendem Verkehr sprechen darf.

Der Polizist verspricht, seinen Chef zu rufen, der alles regeln werde. Sonja und Klaus geben sich mit dieser Aussicht zufrieden, lassen den Polizisten einsteigen und fahren den Unimog weg von der Straße, zu einer gegenüberliegenden Tankstelle. Hier angekommen, will sich der

Bild Seite 64/65:
An den Bade-Ghats von Varanasi reinigen die Gläubigen durch rituelle Waschungen im Ganges ihre Seele.

Sadhus sind weltentrückte Asketen, die ausschließlich für ihre Spiritualität leben – und für einen ununterbrochenen Haschischrausch.

Polizist sofort davonstehlen. Doch Klaus verschließt beide Türen. So ist der junge Beamte für einige Minuten ihr „Gefangener", bis tatsächlich ein hübsch dekorierter Polizeioffizier ans Fenster klopft. Er schlägt vor, die Leiter mit einer Motorrad-Rikscha zu einer nahen Werkstatt zu bringen. Sonja bleibt beim Auto, während Klaus in einer Rikscha dem Polizeiwagen folgt.

Der Mechaniker in der Werkstatt betrachtet die angeknackste Sprosse von allen Seiten, dreht sie drei Mal um, bis sie endlich völlig auseinander bricht. Da er kein Aluminium schweißen kann, sieht er Klaus mit hilflosen schwarzen Augen an. Doch der Polizeichef weiß Rat. In einer anderen, nicht weit entfernten Werkstatt finden sie einen erfahrenen Handwerksmeister, der den Bruch nicht nur sauber zusammenschweißt, sondern auch auf jeglichen Lohn verzichtet.

Einmal mehr ist Klaus gerührt von der Hilfsbereitschaft dieser bettelarmen Menschen. Nicht anders ergeht es Sonja: Einer der Schaulustigen

bietet sich an, ihnen als Fremdenführer durch Varanasi dienlich zu sein – ohne auch nur eine Rupie Bezahlung.

Dankend nehmen sie das Angebot an und lassen sich von dem freundlich lächelnden Mann zunächst zum DAK-Bungalow geleiten, wo der Unimog für einige Tage ein sicheres Plätzchen findet. Dann aber treibt es sie sogleich an jenen Platz, für den Varanasi in der ganzen Welt berühmt ist: zu den Bade-Ghats am Ganges, dem heiligen Fluss der Hindus.

Das Wort „Ghat“ bedeutet so viel wie „Ufertreppe“. In Varanasi ist das weit untertrieben. Über viele Kilometer ziehen sich die betonierten Stufen hin, über die Abertausende von gläubigen Hindus den Weg zu den braunen Fluten des Ganges finden. Schon viele hundert Meter vor den Ufern des Flusses bieten Straßenverkäufer alles, was man zum Gebet braucht: Blumen, Farbpulver, Blätter, Kokosnüsse, Räucherstäbchen und Kerzen. Zwischen den Händlern sitzen Leprakranke, winden sich Verstümmelte, betteln Kinder, suchen Hungernde nach essbaren Abfällen auf der Straße.

Einige Männer stechen aus der Masse hervor. Es sind die „Sadhus“, weltentrückte Asketen, die sich in rote oder orangefarbene Tücher hüllen, die Gesichter bemalen und Unmengen von Haschisch rauchen. Im Rausch fühlen sie sich ihrem verehrten Gott Shiva näher, der – so ist es überliefert – sich ebenfalls in Haschischwolken hüllt. Andere Sadhus laufen fast nackt durch die Menge, den Körper vollständig mit weißer Asche bemalt. Allgemein lassen sich die Asketen in zwei Gruppen aufteilen: In diejenigen, denen die Religion über alles andere geht und die, völlig in Spiritualität versunken, ihr Seelenheil suchen. Und in jene, die theatralisch vor den Kameras der Touristen posieren und vor allem deren Bargeld suchen.

Sonja und Klaus lassen die unzähligen Eindrücke auf sich wirken, ehe sie das monumentale Schauspiel von der anderen Seite betrachten

Bild Seite 68:

Diese jungen Männer bereiten sich auf ihr Leben als Sadhus vor.

wollen, vom Fluss aus. Sie mieten ein Boot samt Fahrer und schippern die Ghats entlang. Hier steht eine alte Frau im Fluss, die Beine von der schlammigen Brühe verschmiert, und spült sich den zahnlosen Mund aus. Dort wäscht sich eine Familie gegenseitig ab, während keine fünf Meter entfernt eine Leiche im Wasser gereinigt wird. Wozu, das sehen sie am nächsten Ghat – einem Verbrennungs-Ghat.

Hier werden die Toten, nach der Leichenwäsche im Ganges, auf Holzstöße gelegt, mit Öl übergossen und verbrannt. Eine sehr spirituelle, aber auch kostspielige Angelegenheit. Einschlägige Händler bieten das Verbrennungs-Komplettpaket mit Holz, Öl und verschiedenen rituellen Gegenständen zu horrenden Preisen an, die nicht selten das gesamte Familienvermögen schlucken.

Hier verlassen Sonja und Klaus das Boot und kehren zurück in das nie abebbende Treiben entlang der Ghats. Ein völlig mit weißer Asche überzogener Sadhu führt in bester Yogi-Manier abenteuerliche Verrenkungen vor. Seine feuerroten Augen erklären sich durch die dicke Haschzigarette in seiner Hand. Sie mag auch der Grund dafür sein, dass er recht wackelig aus seinen Übungen in den normalen Stand zurückkehrt…

Die Sadhus sind derzeit auf der Durchreise. Die meisten kommen gerade von der Kumbh Mela im 120 Kilometer entfernten Allahabad. Alle zwölf Jahre treffen sich hier von Mitte Januar bis Ende Februar bis zu 70 Millionen Gläubige zum größten Pilgerfest der Welt. Am Zusammenfluss von Ganges und Yamuna waschen sie sich rein. Sternkundige ermitteln die besten Tage für das Baderitual.

Sonja und Klaus besuchen die Kumbh Mela an einem gewöhnlichen Tag. Als sie die gigantischen Ghats erreichen, tummeln sich etwa 500 000 Menschen in den Fluten. Stünden die Sterne günstiger, wären es mehrere Millionen.

Anschließend ziehen viele Sadhus weiter nach Nepal, wo im Februar ein großes Fest zu Ehren des Gottes Shiva stattfindet. Auch Sonja und Klaus werden diesen Weg fahren. Um dem Chaos auf Varanasis Straßen bei der Ausfahrt zu entgehen, brechen sie um sechs Uhr morgens ohne

Frühstück auf. Tatsächlich kommen sie gut voran, bis ihnen auf der Ausfallstraße ein Lkw in rasendem Tempo entgegenschießt. Er streift den Unimog und reißt, von einem lauten Krachen untermalt, die beiden rechten Außenspiegel ab. Der untere landet jenseits der Straße, der obere lässt sich mit einem Band noch einigermaßen fixieren. Frustriert und völlig erschlagen von den bedrückenden Erlebnissen in Indien sind sie alles andere als unglücklich, das Land zu verlassen und freuen sich auf eine völlig andere Welt, die sie in Nepal erwarten würde.

Für eine kleine Spende zeigt dieser Sadhu die Kunst des Yoga.

Diese Vorfreude bestätigt sich bereits an der Grenze. Sonja und Klaus sind die einzigen Touristen, sodass sie in aller Ruhe abgefertigt werden. Die Beamten erledigen den unvermeidlichen Papierkram und tragen wie üblich alle Daten sorgfältig in ein dickes Buch ein. Das in Indien fehlerhaft ausgefüllte Carnet de Passage kann Klaus zur völligen Zufriedenheit der Zöllner erklären. Nicht ein Anflug von Misstrauen oder Überheblichkeit ist in den ruhigen Augen der Grenzbeamten zu erkennen. Sogar auf die Kontrolle des Fahrzeugs verzichten die Beamten.

Kathmandu, die Hauptstadt Nepals, ist das Ziel der Pilger und auch Sonja und Klaus nehmen den direkten Weg in die 850 000-Einwohner-

Metropole. Da täglich Scharen von Indern über die Grenze schleichen, um in Kathmandu ein besseres Leben zu suchen (das sie niemals finden werden), dürfte die tatsächliche Einwohnerzahl bei gut einer Million liegen. Doch wer zählt schon die Armee der Armen auf den Straßen?

In Kathmandu finden sie einen perfekten Stellplatz für den Unimog. Der Campingplatz ist eigentlich ein Privatgarten hinter einem Wohnhaus. Mit sieben oder acht Reisemobilen ist er dicht zugeparkt, an Vorzelte oder Sitzgarnituren vor dem Auto ist nicht zu denken. Aber der Platz ist sauber und dank des stets verschlossenen Tores auch absolut sicher.

Der Durbar Square ist seit jeher das Zentrum der Stadt. Mit seinem Sammelsurium von Tempeln und anderen Gebäuden ist er Anziehungspunkt Nummer eins, sowohl für Touristen wie auch für die gläubigen Hindus. Sonja und Klaus machen es den Einheimischen nach und klettern die Stufen eines Tempels empor. Von gut zehn Metern Höhe haben sie eine perfekte Aussicht auf das bunte Treiben zu ihren Füßen: Rikschafahrer sind auf der Suche nach Kunden; Sadhus winken freundlich den vorbeigehenden Touristen zu in der Hoffnung, fotografiert zu werden oder gegen das Aussprechen einiger segnender Worte ein paar Rupien zu erhaschen; ein Hochzeitszug bewegt sich mit einer lärmenden Blaskapelle voran durch die Gassen; Kinder betteln um Geld; Straßenhändler preisen ihre Waren lautstark an; eine Truppe Soldaten in Tarnanzügen sprintet geschlossen in Richtung Königspalast; Obst- und Gemüseverkäufer haben sich im Schatten eines Tempels niedergelassen; Touristengruppen folgen ihrem schirmschwenkenden Reiseleiter, der ihnen die Tempel erklärt.

Die beiden hätten noch Stunden so sitzen können, doch der Drang, Neues zu entdecken, treibt sie weiter. Zu Fuß durchqueren sie die Altstadt, wo sie Geschäfte für alle erdenklichen Waren passieren. Als die ersten Läden für Trekking-Ausrüstungen auftauchen, wissen sie, dass ihr Ziel nicht mehr weit ist: Der Stadtteil „Thamel" ist ein Eldorado für Trekker. Hier soll es mehr Ausrüstungs-Läden und Reiseagenturen geben als irgendwo sonst auf der Welt. Und tatsächlich ist das Angebot riesig und reicht von der geführten Wanderung bis hin zum mehrwöchigen Himalaja-Trekking. Internet-Cafés, Supermärkte mit europäischen Waren, Bücherläden und Hotels jeder Kategorie runden das Bild ab. Sonja rätselt, wie die einzelnen Anbieter bei dieser Konkurrenz überhaupt überleben können. Doch scheint der Andrang der Touristen immens zu sein.

Auch die beiden Weltenbummler streifen durch zahlreiche Trekking-Läden und decken sich mit einigen Dingen ein, die sie für ihre geplante Tour brauchen. Doch verzichten sie auf eine organisierte Wanderung. Wie die gesamte übrige Welt wollen sie auch den Himalaja auf eigene Faust erkunden. Nachmittag um Nachmittag sitzen sie im Obergeschoss eines Restaurants, genießen den hervorragenden Kaffee und planen ihre Tour.

Den Weg vom Campingplatz bis nach Thamel legen sie zu Fuß zurück. Eine gute halbe Stunde lang durchqueren sie dabei mehrere erschreckend verwahrloste Stadtviertel. Vor allem der Vishnumati, den sie auf ihrem Weg überqueren, ist nichts als ein grässlich verzerrtes Abbild des

Der Durbar Square ist das kulturelle und touristische Zentrum von Khatmandu.

Flusses, der er einst gewesen sein mag. In seinem Bett befindet sich mehr Müll und Unrat als Wasser. Gegen die braunen, übel riechenden Pfützen, die man von den Brücken aus nur vage erkennen kann, war selbst der Ganges ein ansehnlicher Wasserlauf.

Kein Wunder, dass Kathmandu als eine der verdrecktesten Großstädte Asiens gilt. Die Luft ist von hochgiftigen Schwermetallen belastet. Viele Radfahrer tragen deshalb einen Mundschutz. Alle Meter hört man Menschen schamlos ihren Rotz hochziehen und sieht sie braune Batzen auf den Asphalt spucken, meistens begleitet von einem beängstigendem Röcheln.

An einem sonnigen Tag besuchen Sonja und Klaus den Tempel Dakshinkali. Aus dem ganzen Land kommen die Gläubigen hierher, um der Göttin Kali ein blutiges Opfer zu bringen. Die Wege sind gesäumt mit Händlern, die für wenig Geld alles anbieten, was man für das Opfer braucht – einschließlich lebendiger Hähne. Viele Besucher bringen ihre Opfertiere von zu Hause mit. Neben unzähligen Gockeln gehen hier auch viele Ziegen ihren letzten Gang. Nur Hindus ist der Zutritt zum Tempel gestattet, doch von einer erhöhten Plattform aus haben Sonja und Klaus ungehinderte Sicht auf das grausame Treiben im Inneren.

An einer langen Theke steht eine Schar von blutverschmierten Metzgern, die gegen eine Gebühr den Tieren die Köpfe abschlagen und das Blut auf ein Abbild der Kali spritzen. Dann erhalten die Gläubigen ihr nunmehr heiliges Tier zurück, nur um es ein paar Meter weiter rupfen oder häuten zu lassen und es schließlich im nahe gelegenen Wald zu grillen und sich seine neu gewonnene Göttlichkeit in einem kurzen Schmaus zu verinnerlichen.

Das grausige Schlachten wirkt wie Akkord-Arbeit am Fließband. Längst stehen die Metzger bis zu den Knöcheln in einer riesigen Blutlache. Vor allem Sonja, als Vegetarierin, hat nun genug gesehen. Auch Klaus verzichtet gerne auf einen längeren Aufenthalt. Im Express-Bus geht es nonstop zurück nach Kathmandu. Doch führt die Strecke durch zahlreiche kleine Orte, in denen die Verkehrsberuhigung mit auch bei uns bekannten Mitteln durchgesetzt wird: Der Busfahrer muss vor zahlreichen Bodenwellen scharf abbremsen. Hat er die Vorderräder sachte darüberbugsiert, gibt er wieder Vollgas. Jedes Mal, wenn die Hinterräder über die Wellen schießen, heben Sonja und Klaus von ihrer Sitzbank ab und machen einen Luftsprung.

Ihr Sitznachbar verträgt die Berg- und Talfahrt offenbar weniger gut als sie. Nach einer besonders gelungen überrollten Bodenwelle kippt er vom Sitz und übergibt sich. Seine Nachbarn auf der anderen Seite springen auf und rennen in den vorderen Teil des Busses. Sonja und Klaus bleiben sitzen. Vorne sind keine Sitzplätze frei, und die Decke ist so niedrig, dass sie ihre Köpfe einziehen müssten. Außerdem sind sie ein gutes Stück weit abgehärtet. In den vergangenen Wochen haben sie wesentlich unappetitlichere Szenen gesehen.

Das sollte sich auch in Pashupatinath nicht ändern, ihrem nächsten Ausflugsziel. In diesem hochheiligen Tempelkomplex finden sich Tausende Pilger aus Anlass des Festtages „Shivarati" zu Ehren Shivas ein. Die meisten von ihnen sind Sadhus in ihren gewohnt schrillen Erscheinungsformen. Doch haben in den Tagen um Shivarati auch die rituellen Leichenverbrennungen am Bagmati-Fluss Hochkonjunktur. Als Sonja und Klaus sich dem Flussufer nähern, wabert ihnen bereits der rauchig-faulige Geruch verkohlter Leichen entgegen. Auf den Scheiterhaufen sieht man Tote in verschiedenen Stadien der Verbrennung. Bis der Körper völlig zu Asche zerfallen ist, vergehen viele Stunden. Immer wieder muss er neu mit Öl übergossen werden, muss das Holz neu geschichtet und die Flamme aus der absterbenden Glut neu entfacht werden.

Nicht weit vom Campingplatz in Kathmandu befindet sich auch ein buddhistisches Heiligtum, die Stupa von Swayambunath. Eine Stupa ist ein Gebäude, das eine buddhistische Reliquie schützend umgibt. Im Fall von Swayambunath handelt es sich um eine Lotusblume, die ein überirdisches Licht ausstrahlt. Vielleicht nur eine Legende – doch wer möchte schon an derart zauberhaften Legenden zweifeln?

Zu Sonjas Geburtstag hat sich Klaus eine besondere Überraschung ausgedacht: Einen zweitägigen Ausflug nach Nagarkot. Hier, auf 2170 Meter Höhe, hat man im Morgengrauen und im Abendrot einen atemberaubenden Blick auf die 8000er des Himalaja-Massivs. Auch der Mount Everest, der mächtigste Gipfel der Welt, reckt sich an sonnigen Tagen vor dem Blau des Himmels.

Doch das Wetter meint es nicht gut mit den beiden. Von der Aussichtsplattform ihres Hotels sehen sie nur den dichten, grauen Nebel direkt vor ihren Nasen. Enttäuscht packen sie am Morgen des Abreisetages ihre Sachen, als der verhangene Himmel aufreißt und zumindest einige 7000er freigibt. Wie gebannt stehen Sonja und Klaus und lassen das imposante Schauspiel auf sich wirken, schauen den Wolken nach, die weit unter den Gipfeln an den Schultern der Berge vorüberziehen.

Die Aussicht ist ein Vorgeschmack auf ihre endlich anstehende Trekking-Tour. Das Trekker-Mekka Pokhara soll als Ausgangspunkt der neuntägigen Bergwanderung dienen. Doch der Aufbruch muss verschoben werden – Sonja wird von heftigem Fieber geschüttelt. In einer Klinik für Ausländer wird ihr Blut abgenommen und die Lunge geröntgt. Doch der behandelnde Arzt ist ratlos. „Irgendeinen Virus“ habe sie aufgeschnappt, lautet seine Diagnose, der er mit einem Antibiotikum begegnen will. Sonja nimmt die Hilfe dankbar an. Fünf Tage lang schluckt sie die hoch dosierten Tabletten. Und sie hat Glück. Trotz seiner vagen Diagnose hat der Arzt richtig gehandelt und sie geheilt. Ausgedehnte Spaziergänge bringen sie wieder auf die Beine und lassen beide genug Höhenluft schnuppern, um für den Himalaja gewappnet zu sein. Die Tour kann beginnen.

Für den Flug nach Jomsom und den Eintritt in das Annapurna-Gebiet müssen die beiden etwas mehr als 100 Euro berappen. Als sie aus dem Flieger steigen, pfeift ihnen ein eiskalter Wind entgegen. Auf 2700 Meter Höhe hält man es trotz des Sonnenscheins nicht ohne Jacke aus. Sie laden sich ihre prall gefüllten Rucksäcke auf und ziehen los. Die meisten

In den ersten Minuten des jungen Tages offenbart das Annapurna-Massiv seine ganze Pracht.

anderen Wanderer haben sich einheimische Träger gemietet, die das gesamte Gepäck schleppen. Doch auch wenn die beiden Rucksäcke beim Wiegen am Flughafen zusammen 32 Kilo auf die Waage brachten, wollten Sonja und Klaus ihre Habe unbedingt selbst tragen.

Für den ersten Tag ist nur eine kurze Etappe vorgesehen. Nach vier Stunden Wanderung erreichen sie zur Mittagszeit das Dorf Kagbeni. Als sie nachmittags durch die Gassen spazieren, fallen weiße Flocken vom Himmel. Bis zum Abend wird der Schneefall immer heftiger. Im Hotel gibt es keine Heizung, auch der Strom bleibt weg. Das Thermometer zeigt acht Grad. Müde und geschafft kriechen Sonja und Klaus direkt nach dem Abendessen in ihre Schlafsäcke und fallen in einen tiefen traumlosen Schlummer.

Als sie am nächsten Tag früh aufbrechen, scheint die Sonne und taucht die schneebedeckten Berge in ein glänzend weißgelbes Kleid. Vor ihnen liegen 1000 Höhenmeter, die sie bis zu ihrem Etappenziel Muktinath überwinden müssen. Selten schmeckte ihnen eine Mahlzeit wie an jenem Abend, als sie in ihrem Hotel mit anderen Trekkern zusammen essen. Unter dem Tisch steht eine Schale mit glühenden Kohlen, die ihre müden Füße herrlich erwärmen.

An jedem Morgen betrachten sie begeistert den Aufgang der Sonne, während der Mond noch über den Bergen steht. Auf ihrem neuntägigen Weg begegnet ihnen so manche Absonderlichkeit. Etwa ein Sadhu, der barfuß seinen Weg durch die Berge geht, um in der Tempelanlage von Muktinath ins Gebet zu versinken. Oder indische Touristen, die sich für 500 Euro mit dem Helikopter dorthin tragen lassen. Auch die barfuß schwere Körbe über eine Hängebrücke schleppenden Frauen, die unentwegt selbst gedrehte Zigaretten rauchen, gehören in Asien wahrlich nicht zu den alltäglichen Anblicken.

Der Trek zehrt an den Körpern der beiden Weltreisenden, doch ist er eine willkommene Abwechslung vom pausenlosen Sehen und Gesehenwerden. Seit Chiccos Tod ist vor allem Sonja der Rummel in den großen Städten zuwider. Klaus spürt, dass die Asien-Reise hier ihr Ende finden wird. Viel früher als geplant sollten sie ihrem nächsten großen Ziel entgegenfahren: Südamerika wartet bereits.

Auf der Rückfahrt durch alle vorher bereisten Länder vertiefen sich die ungezählten Eindrücke vom zauberhaften Asien, seinen hilfsbereiten Menschen, aber auch von bedrückender Armut und menschlichem Elend.

Klaus nutzt jeden Zwischenstopp, um am ersten großen Filmvortrag zu arbeiten, der schon bald in ganz Süddeutschland die Menschen fesseln sollte. „Auf Achse – Etappen einer Weltreise" wird eineinhalb Jahre später mit dem ersten Teil „Auf dem Landweg nach Indien" seinen grandiosen Auftakt finden. Während Klaus das schier endlose Material auf einen zweistündigen Film schneidet, schreibt Sonja eifrig am Text des Vortrags. Auch die Homepage wird immer wieder mit neuen Reportagen gefüttert.

Kurz bevor sie wieder europäischen Boden unter ihren Reifen haben, kommt Klaus eine wunderbare Idee: Bei der Reise durch Südamerika will er das Motorrad in Merching zurücklassen. Dafür soll ein Ultraleichtflugzeug, „Trike“ genannt, ihnen das Reich der Inka von oben präsentieren.

Sie bleiben ein paar Tage an der türkischen Riviera um beim Baden neue Kraft zu schöpfen. Klaus nutzt die Zeit, um via Internet einen Ultraleicht-Kurs zu organisieren. Bei der Flugschule Schmidtler in München findet er die optimalen Termine.

Gleich nach ihrer Rückkehr in die bayerische Heimat beginnen sie, die Theorie des Fliegens zu büffeln und bestehen die Prüfung mit Bravour. Die Flugstunden führen sie in Höhen von bis zu 1000 Metern – für beide ein sagenhaftes Erlebnis. Auf der Rückfahrt von der Flugschule spinnen sie schon Pläne, wie sie die Linien von Nasca in Peru aus der Sicht des Kondors filmen werden. Oder die endlosen Weiten der argentinischen Pampa. Oder die gewaltigen Regenwälder des Amazonas. Oder…

Aber das ist eine ganz andere Geschichte. Eine Geschichte, noch viel aufregender, mit noch viel unglaublicheren Erlebnissen gespickt als die Reise nach Asien.

Das „Abenteuer Südamerika“ kann beginnen.

2. Kapitel: Abenteuer Südamerika

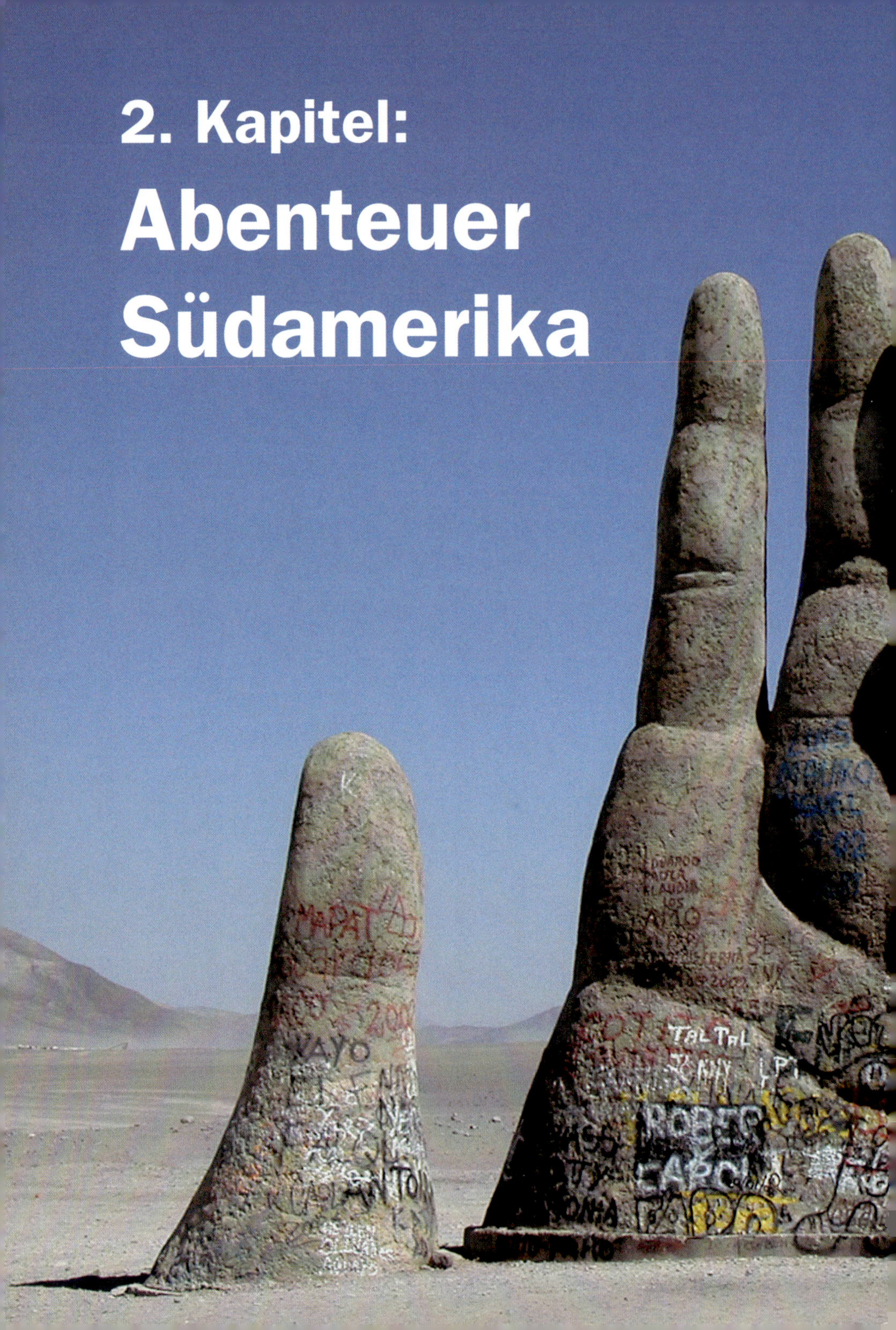

ALEMANIA
GERMANY

Stille Tage auf See

Es gibt viele Möglichkeiten, nach Südamerika zu kommen. Die einfachste ist wohl, sich in ein Flugzeug zu setzen und sich in 10 000 Metern Höhe über den Atlantik tragen zu lassen. Doch wer mit dem eigenen Auto zwischen Feuerland und Panama-Kanal unterwegs sein möchte, der hat nur eine Wahl: Ein Schiff der Grimaldi-Linie. Eine gute Wahl.

Als Sonja und Klaus am Morgen des 4. Oktober 2001 im Hamburger Hafen eintreffen, suchen sie allerdings vergeblich nach der „Repubblica di Genova", dem Schiff, das sie nach Buenos Aires bringen soll. Im Hafen erfahren sie, dass sich die Abfahrt um mindestens einen Tag verzögert. Eine perfekte Einstimmung auf die Mentalität in Südamerika, wo sich deshalb niemand einen Kopf machen würde.

Die „Repubblica di Genova" trägt Sonja, Klaus und den Unimog über den Atlantischen Ozean.

Gemeinsam mit einem anderen reisenden Paar, Angelika und Peter, nehmen sie in den nächsten Tagen Hamburg etwas näher unter die Lupe. St. Pauli statt São Paulo.

An einem windigen Sonntagabend fahren sie ein weiteres Mal auf der Suche nach dem Schiff den Hafen ab, wieder ohne Erfolg. Doch diesmal gibt es für sie kein Zurück in die Stadt: Mit dem Einverständnis der Wachleute parken sie den Unimog vor der Einfahrt zum Dock. Als am nächsten Morgen die Schranke geöffnet wird, startet Klaus sofort den Motor. Und da steht sie: Die „Repubblica di Genova". Imposante 216 Meter lang und mehr als 30 Meter breit. Mit ihren 42500 Bruttoregistertonnen ist der Unimog für sie nicht viel mehr Last, als wenn man einen Elefanten mit einer Gänsedaune bepackt. Bei einer Spitzenleistung von 17250 PS schafft sie satte 18,5 Knoten. Klaus ist begeistert und Sonja sieht interessiert den Hafenarbeitern beim Befestigen des gelben Giganten zu.

Die raue Seeluft ist eine echte Abwechslung zum Leben auf der Straße.

Stunden, bevor das Schiff beladen wird, dürfen die Passagiere schon einmal Bordluft schnuppern. Außer Sonja und Klaus sind noch zehn Reisende mit von der Partie, die allesamt mit ihren Wohnmobilen Südamerika durchqueren möchten. Bei einem gemeinsamen Mittagessen kommen sich die Weltenbummler näher, ehe sie schon mal ihre Kabinen beziehen können. Sonja hatte eine Außenkabine gebucht, so sehen sie bereits im Hafen die Wellen unter ihrem Fenster an den Schiffsrumpf schlagen.

In der Abenddämmerung kommt endlich der große Moment: Klaus fährt den Unimog an Bord. Für die erste Nacht werden alle Fahrzeuge auf einer Rampe abgestellt, umgeben von endlos vielen Frachtcontainern. Erst nach dem Zwischenstopp in Antwerpen, wo die restliche Fracht geladen wird, kann Klaus den Unimog an seinem endgültigen Platz parken. Zwar hätten dies auch die Hafenarbeiter erledigt, doch ein echter Globetrotter gibt sein Lenkrad nicht aus der Hand. Außerdem weiß der Fahrer am besten, an welcher Stelle sein Fahrzeug am verletzlichsten ist und legt ihm entsprechend die Sicherungsgurte an.

Nach einem weiteren Halt in Le Havre sehen die Passagiere nur noch zwei Mal Land, ehe es hinaus aufs weite Meer geht: Zuerst bei Nacht die Lichter auf den Kanarischen Inseln, später dann die Kapverden, die sich im Dunst der Meeresgischt erahnen lassen. Dann gibt es für die Augen nichts mehr außer Wasser.

Das Leben an Bord wird vor allem durch die Essenszeiten bestimmt. Doch zum Glück hat die „Repubblica di Genova" noch einiges mehr zu bieten: Kicker und Tischtennis sorgen für Bewegung, in der Bibliothek stehen auch deutsche Bücher und bei schönem Wetter lädt der Pool zur kühlen Erfrischung ein.

Der Kapitän fügt sich nahtlos in dieses sympathische Bild und lässt die Passagiere jederzeit (außer im Hafen) auf die Brücke. Hier erleben Sonja, Klaus und die anderen Reisenden auch den Sprung über den Äquator. Als das GPS-Gerät auf Null umspringt, bricht allgemeiner Jubel aus. Am Nachmittag steigt dann die große Party: Der Kapitän nimmt die „Novizen" in den Kreis der Äquator-Überquerer auf. Gesichter werden bemalt, Tauf-Urkunden überreicht. Jeder Neuling erhält zunächst einen Fisch-Namen und schließlich auch noch das, was jedem Täufling an Bord blüht: die Äquatortaufe im Pool.

Die Tage auf hoher See vergehen in einer angenehmen Leichtigkeit. Langeweile hat keine Chance, denn jede freie Stunde nutzen Sonja und Klaus, um ihr Spanisch mit den mitgebrachten Lehrbüchern zu verbessern. Irgendwo wirft Sonja eine Flaschenpost ins Meer.

Wer auf einem Schiff zum ersten Mal den Äquator überquert, kommt in den Genuss einer Taufe – wie Sonja an Bord der „Repubblica di Genova".

Nach 15 Tagen auf dem Atlantik erscheint zum ersten Mal wieder Land am Horizont: Der brasilianische Hafen Vitória ist erreicht. Jeden Tag wird nun eine andere Küstenstadt angefahren. Sonja und Klaus nutzen die Ent- und Beladezeit, um sich an Land ein wenig umzusehen und sich auf die kommenden Monate, auf die nächsten Jahre einzustimmen. Überall treffen sie auf freundliche Menschen, sehen sich begeistert auf üppig bestückten Märkten um und empfinden den Straßenverkehr (zumindest im Vergleich zu manchen asiatischen Metropolen) als relativ geordnet.

Doch als sie in Zárate, wenige Stunden von Buenos Aires entfernt, das Schiff verlassen, umfängt sie fast so etwas wie Wehmut. Die 30 Tage an Bord der „Repubblica di Genova" waren zu schön, um sie einfach als Überfahrt abzuhaken. Sie waren eine unvergessliche Etappe ihrer Weltreise, die nun ihre Fortsetzung in Südamerika findet.

Sonja und Klaus sind wieder auf Achse.

Buenas días, Argentina!

Die argentinischen Grenzbeamten geben sich höflich und unkompliziert. Schnell sind alle Stempel verteilt. Auch am Zoll in Buenos Aires gibt es keine Probleme mit dem Unimog. Der Hafenagent der Grimaldi-Linie hilft beim Ausfüllen der reichhaltigen Unterlagen. Doch die junge Beamtin erledigt alles ohne Komplikationen und nimmt auch das Ultraleichtflugzeug mit in die Papiere auf.

Erleichtert und voller Unternehmungslust steigen Sonja und Klaus in ihr Auto und fahren in der aufgehenden Sonne dem größten Abenteuer ihres Lebens entgegen.

Und das beginnt so lauschig wie nur möglich: in einem Park am Rande der Innenstadt von Buenos Aires. Eine Einheimische gibt Klaus den Tipp, und der nimmt ihn gerne an. Im Schatten der Bäume des „Parque 3 de Febrero" verbringen die beiden die erste Nacht an Land und schlafen sich fit für alles, was nun folgen sollte.

Die ersten Tage in Argentinien verbringen sie gemeinsam mit Angelika und Peter. So tauschen sie sich über ihre Ziele aus und geben sich gegenseitig viele neue Tipps. Der Unimog darf sich erst einmal ein paar Tage von den Strapazen der Schiffsreise erholen. Den Weg in die Stadt legen die vier Weltenbummler mit dem Bus zurück.

Eine Bushaltestelle in Südamerika darf man nicht mit den hiesigen vergleichen. Einen Fahrplan mit festen Zeiten gibt es so gut wie nirgends. Stattdessen wartet man geduldig und winkt die gewünschte Linie an den Straßenrand heran. Im allgemeinen Trubel geht man aber schon mal unter und wird vom Busfahrer übersehen. Doch kein Problem – da der Großteil der Südamerikaner sich bevorzugt im Bus fortbewegt, kommt der nächste Wagen schon in wenigen Minuten.

So ist es auch in diesem Fall. In teils atemberaubenden Tempo lassen sie sich zur „Avenida 9 de Julio" fahren, der angeblich breitesten Straße der Welt. Wie breit sie wirklich ist, lässt sich angesichts der unterschiedlichen Angaben in den verschiedensten Quellen nicht genau sagen. Diese reichen von 125 bis hin zu spektakulären 143 Metern. Wer die Avenida überqueren will, passiert mehrere Inseln mit Ampelanlagen.

Endlich ist die gegenüberliegende Straßenseite und damit der Beginn der Fußgängerzone erreicht. Anders als in den Parks, wo Hundeführer mit ganzen Rudeln an einer Leine das Bild bestimmen, drängen sich hier die Menschen zu Tausenden. An jeder Ecke lädt ein „Asado" zum Fleischgenuss. Der würzige Duft von gegrillten Steaks und Würsten zieht sich hin bis zur „Plaza de Mayo", wo die Reisenden sich niederlassen und das Stadtzentrum in Ruhe besehen.

Gleich gegenüber ihrem Sitzplatz steht das imposante „Casa Rosada", der strengstens bewachte Präsidentenpalast. Ob man in Südamerika eine Metropole besucht oder das ärmste Dorf, eines ist überall gleich: Das Zentrum jedes Ortes bildet ein liebevoll bepflanzter Platz, die Plaza, um den sich die wichtigsten Gebäude scharen. So auch in Buenos Aires: Das

Fleisch in allen Formen: Wo in Deutschland Dönerbuden und Fast-Food-Schuppen stehen, gibt es in Buenos Aires an jeder Ecke einen „Asado".

ehemalige Rathaus „Cabildo" steht hier ebenfalls wie die Nationalbank und die Kathedrale aus der Kolonialzeit.

An ihrem letzten Tag in Buenos Aires machen Sonja und Klaus einen Abstecher in das Stadtviertel „San Telmo", wo sonntags ein riesiger Flohmarkt stattfindet. Tausende Buden stehen dicht gedrängt auf der Plaza Dorrega. Das Warenangebot würde jeden Antiquitäten-Händler ins Schwärmen versetzen. Auch Sonja und Klaus können sich dieser Vielfalt an schönen Dingen nicht entziehen und bummeln stundenlang durch die Marktgassen. An einer Ecke tanzt ein Paar den typisch argentinischen Tango und lässt sich gerne dabei fotografieren. Es ist eine bezaubernde Szenerie.

Die finden sie auch im benachbarten Stadtteil vor. „La Boca" ist berühmt für seine originellen Häuser aus bunt bemalten Blechplatten. Die bekannteste Straße „El Caminito" wirkt mit ihren poppigen Fassaden fast wie die Kulisse eines Theaterstücks. Diese Anziehungskraft machen sich auch die Kreativen unter den Einwohnern zunutze. In schrillen Farben bannen sie ihr Heimatviertel auf Leinwand und Papier und verkaufen ihre Werke an die Touristen, die dafür gerne tief in die Tasche greifen.

Mit diesen farbenfrohen Eindrücken im Gepäck verabschieden sich Sonja und Klaus von ihren Weggefährten und wünschen ihnen alles Gute auf der bevorstehenden Reise. Sie selbst machen sich auf den Weg zur „Flyranch". Per Zufall stieß Klaus beim Schmökern in einer Flugzeitschrift auf die Adresse der Ranch. Hier können Flugbegeisterte nach Herzenslust ihrem Hobby frönen. Vor allem Drachenflieger genießen den Service, sich von einem Leichtflugzeug in bis zu 700 Meter Höhe schleppen zu lassen und dann stundenlang über den Weiten der argentinischen Pampa bis hin zum Atlantik zu schweben – der hervorragenden Thermik sei Dank.

Alex, ein Fluglehrer und Mitglied des örtlichen Aero-Clubs, heißt die beiden willkommen und gestattet ihnen zu fliegen, wann immer sie wollen. Jetzt hält sie nichts mehr zurück. Sofort packt Klaus das Trike vom Heck des Unimogs und macht es startklar. Fortan nutzen sie jeden Tag,

Auf der Halbinsel Valdés machen Sonja und Klaus Bekanntschaft mit Seelöwen, Pinguinen und mächtigen Walen.

um über der Flyranch das Fliegen im Ultraleichtflugzeug zu üben. Rasch wird ihnen klar, dass sie angesichts der heftigen Winde im Süden des Kontinents nicht mehr allzu häufig die Gelegenheit dazu haben würden. Doch auch an den stürmischen Tagen auf der Ranch gibt es genug zu tun. Bei den täglichen Plaudereien mit den Drachenfliegern vergeht die Zeit (fast) wie im Flug. Die Bisamratten in dem kleinen See nahe der Ranch erweisen sich als unterhaltsame Nebendarsteller beim Sonnenbaden. Und schließlich entdeckt Klaus seine Leidenschaft für das Rasenmähen. Sehr zum Gefallen des Hausmeister-Ehepaares Paula und Oscar ist er fast jeden Tag mit dem Mäh-Traktor auf dem Gelände unterwegs.

Doch irgendwann ist jeder Quadratmeter überflogen und gemäht. Sonja und Klaus fahren die Ruta 3 weiter Richtung Süden. Die Halbinsel Valdés ist bekannt für ihre reiche Tier-Population und der Zeitpunkt ist günstig für einen abwechslungsreichen Besuch.

Hier machen sie ihre erste Bekanntschaft mit See-Elefanten und Seelöwen. Vor allem Letztere lassen tief in ihre sozialen Strukturen blicken. Während die Weibchen in großen Harems beisammen liegen, sind die Männchen mit pausenlosen Rangeleien beschäftigt. Entweder sind sie gerade auf der Balz oder sie haben bereits einen Harem und müssen diesen verteidigen. Von ihrem Aussichtsplatz auf einer gut 30 Meter hohen Klippe verfolgen Sonja und Klaus das protzige Imponiergehabe der Männchen. Immer wieder bäumen sie sich voreinander auf, brüllen sich an, jagen sich mehrere Meter durch den Sand, um schließlich ihre bis zu 300 Kilo schweren Körper aufeinanderzuschmettern.

Weit friedlicher geben sich da die anderen Bewohner von Valdés: die Pinguine. Bis hinunter zum Strand ziehen sich die Nester dieser drolligen schwarzweißen Vögel, die sich offenbar schon lange an die Anwesenheit jener langen Zweibeiner gewöhnt haben, die immer wieder in ihren Autos zu Besuch kommen. Ohne jede Scheu lassen sie die Menschen an sich heran. Mal beobachten sie die Besucher mit regem Interesse, mal las-

Kaum irgendwo auf der Welt kommt man Pinguinen näher als in Punta Tombo. Hier leben bis zu 1,5 Millionen dieser drolligen Vögel.

sen sie diese wie gleichgültig links liegen. Am liebsten aber genießen sie ihre Ruhe bei einem ausgedehnten Sonnenbad.

Auch Sonja ist danach zumute, so fahren sie in eine entlegene Bucht im Süden der Halbinsel, wo der Zugang zum Meer erlaubt ist. Am nächsten Morgen glaubt sie ihren Augen nicht mehr zu trauen. Keine 20 Meter vom Ufer entfernt tauchen Wale auf und ab. Klaus packt seine Kamera und filmt fasziniert. Auch Sonja kann ihre Blicke nicht mehr von den beeindruckenden Meeressäugern wenden. Offenbar nutzt eine Mutter die Abgeschiedenheit der Bucht, um ihre Jungen in Sicherheit aufzupäppeln. Vor jedem Abtauchen winkt sie wie zum Abschied mit ihrer mächtigen Schwanzflosse. Eines ihrer Jungen hat offenbar Spaß am Wassersport. Bevor die Gruppe die Bucht verlässt, springt er aus dem Meer, gleitet in einem eleganten Bogen durch die Luft, um ebenso elegant wieder in die Wogen einzutauchen. Sechs Mal wiederholt er dieses Schauspiel, dann bläst er eine Wasserfontäne aus seinem Rückenloch und verabschiedet sich mit den anderen.

Völlig begeistert von dieser Begegnung bleiben Sonja und Klaus noch ein paar Tage in ihrer Bucht. Jeden Tag kommen die Wale erneut zu Besuch und geizen nicht mit kleinen Kunststückchen. Doch erst, als sie sich am Tag ihrer Abreise gerade im Auto die Zähne putzen, wagt der junge Wal wieder ein paar seiner majestätischen Sprünge. Sonja und Klaus winken ihm durchs Badfenster zu und sind glücklich, dieses wunderbare Fleckchen Erde gefunden zu haben.

Doch auch ihre nächste Station, Punta Tombo, empfängt sie mit wahrhaft tierischen Erlebnissen. Hier befindet sich die größte Pinguin-Kolonie auf dem argentinischen Festland. Bis zu 1,5 Millionen Tiere werden in den ungezählten Wohnhöhlen vermutet. Jeden Tag watscheln sie zum Wasser. Wer am Rande der Kolonie lebt, muss bis zu einem Kilometer zurücklegen. Doch Pinguine sind von Haus aus neugierige Tiere, so wird ihnen auch auf diesem langen Marsch nicht langweilig. Vor allem, wenn zwei Touristen mit ihrem bunten Auto mitten auf dem Weg stehen. Natürlich haben die Vögel immer Vorfahrt, weshalb Klaus nur im Schritttempo vorankommt. Doch wer möchte schon diesen Platz verlassen, wenn er sehen kann, wie die Pinguine immer wieder in Gruppen zusammenkommen, gerade so, als würden sie sich angeregt unterhalten, nur um wenige Minuten später wieder tollpatschig auseinander zu wackeln. Fast unter jedem Busch versteckt sich eine Pinguin-Höhle. In einigen kann man flaumige kleine Küken entdecken, die sich Schutz suchend unter ihre Eltern kuscheln.

Ein Pinguin hat es Sonja und Klaus besonders angetan. Er trägt offenbar eine Verletzung an einer Flosse mit sich herum und schleppt sich humpelnd über den langen Weg bis zum Strand. Sonja hätte ihn am liebsten mit auf die Reise genommen.

Diese führt den Unimog nun weiter südwärts. Immer entlang der Ruta 3 geht es durch die endlosen Weiten der Pampa. Nichts als flaches Weideland ist durch die staubigen Scheiben zu sehen. Ortsnamen auf der Straßenkarte meinen meist nicht mehr als eine Tankstelle oder eine Straßenkreuzung mit einem Restaurant. So sind Sonja und Klaus sehr dankbar, als die „Versteinerten Wälder" eine kleine Abwechslung bieten. Vor 150 Millionen Jahren wurden die Bäume in heftigen Stürmen entwurzelt und anschließend von Vulkan-Asche bedeckt. Regen drang durch die Asche und mineralisierte alle Schichten des Holzes. Durch den Versteinerungsprozess blieb die Holzstruktur erhalten und die herumliegenden Stämme sehen fast wie echtes Holz aus.

Gerade haben sie ihren Rundgang beendet und steigen in ihren Unimog, da glauben sie ihren Augen nicht zu trauen: Aus einer dichten Staubwolke schält sich das Wohnmobil von Angelika und Peter. Bei einer Tasse Kaffee tauschen sie die jüngsten Erfahrungen aus und bleiben gleich am Rande des Parks über Nacht. Am nächsten Tag erhält die Gruppe weiteren Zuwachs: Einer der Motorradfahrer, die sie in Nepal kennengelernt hatten, kommt des Weges gebraust. Da der Gesprächsstoff nun aus allen Nähten zu platzen droht, schlägt die gesamte Gruppe für eine weitere Nacht ihr Lager jenseits der „Versteinerten Wälder" auf und plaudert bis in die Morgenstunden am Lagerfeuer.

Am nächsten Tag aber brechen Sonja und Klaus auf zu ihrem nächsten Ziel. Der Perito-Moreno-Gletscher ragt aus den südöstlichen Anden mehr als vier Kilometer über den Lago Argentino, einen der größten Seen Patagoniens, hinweg. Bis zu 60 Meter hoch türmt sich der Gletscher auf, der ein wundervolles Geheimnis birgt: Im Gegensatz zu seinen meisten Verwandten schmilzt er nicht dahin – im Gegenteil. Täglich erneuert sich die gigantische Eismasse und drückt die Zunge weiter auf den See hinaus. Dort stehen die Touristen und warten darauf, dass eine turmhohe Eissäule abbricht und unter gewaltigem Tosen in die stahlblauen Fluten des Sees donnert.

Von ihrer Aussichtsplattform sehen Sonja und Klaus schon seit Stunden zu, wie kleinere Lawinen den Gletscher herabsausen. Doch sie geben die Hoffnung auf ein weiteres unvergessliches Naturschauspiel nicht auf. Und tatsächlich: Nach vier Stunden Warten in bitterer Kälte bricht ein Eisklotz, groß wie ein Hochhaus, aus dem Gletscher und

Der Perito-Moreno-Gletscher gehört zu den wenigen noch wachsenden Gletschern. Jeden Tag wirft er turmhohe Eissäulen in den Lago Argentino.

bricht in ohrenbetäubendem Lärm in sich zusammen. Seine Bruchstücke winden sich noch mehrmals im Wasser, ehe sie sich ihrem Schicksal fügen und auf den Wellen des Lago Argentino davontreiben.

Da sich das Jahr seinem Ende neigt, peilen Sonja und Klaus nun jenes Ziel an, das jedes Jahr zu Weihnachten und Silvester Treffpunkt zahlreicher Südamerika-Reisender wird: Feuerland. Aus allen Richtungen kommen die Weltenbummler Ende Dezember im Nationalpark „Tierra del Fuego" zusammen und bilden für ein paar Wochen eine sehr herzliche Gemeinschaft.

Wer von Argentinien nach Feuerland möchte, muss für einige Kilometer durch Chile fahren, ehe er übersetzen kann. Die Insel selbst wird von einer senkrechten Grenze durchzogen, über die man wieder argentinischen Boden erreicht. Wer diese Grenze zum ersten Mal überschreitet, wird überrascht sein von den – für südamerikanische Verhältnisse – geradezu minimalistischen Zoll-Formalitäten. Doch weil es nur diesen einen Grenzübergang gibt, halten sich die Zöllner erst gar nicht lange mit irgendwelchen Papieren oder Durchsuchungen auf. Sie sehen die Reisenden ja ohnehin bald wieder.

Als Sonja und Klaus den Nationalpark erreicht haben, suchen sie sich ein idyllisches Plätzchen auf dem Campingplatz „Laguna Verde". Ein Verkehrsschild markiert das Ende der Ruta 3. Von hier sind es 3060 Kilometer bis Buenos Aires – und 17848 Kilometer bis zum anderen Ende des amerikanischen Kontinents, bis Alaska.

Jeden Tag treffen mehr und mehr Reisende ein. Auf Motorrädern rollen sie ebenso heran wie in VW-Bussen, Landcruisern und zu fahrenden Häusern umgebauten Lastwagen. Einige kennen sich bereits von früheren Aufeinandertreffen. Doch der Großteil der Gruppe sieht sich zum ersten Mal.

Umso schöner ist es, wie schnell die sieben deutschen und fünf schweizer Paare zueinanderfinden. Kaum gefrühstückt, stehen die Globetrotter schon in Grüppchen beieinander und plaudern über ihre Erlebnisse an allen Enden des Planeten. Wer in die Stadt zum Einkaufen fährt, bringt

Silvester unter Gleichgesinnten: Auf Feuerland treffen sich zum Jahreswechsel die Globetrotter Südamerikas.

für alle etwas mit, Feuerholz und Grillgut werden gemeinsam organisiert. Jeden Abend sitzen die Weltenbummler am Lagerfeuer und bestaunen träumend den Sternenhimmel. Zum ersten Mal sehen Sonja und Klaus das Kreuz des Südens.

An Weihnachten feiern alle zusammen an einer langen Tafel und lassen sich die Leckereien vom riesigen Grill schmecken. Für Silvester werden zwei Lämmer geschlachtet. Alle 34 Bewohner des Campingplatzes kommen zusammen und genießen die brüderliche Atmosphäre. Nur das Wetter hat keine Feierlaune. Kaum sind die letzten Bissen verzehrt, gießt es wie aus Kübeln. Die Reisenden flüchten sich unter eilig gespannte Planen und feiern weiter.

Für Sonja und Klaus ist es das glückliche, aber auch besinnliche Ende des Jahres, das mit dem Tod ihres geliebten Hundes Chicco so traurig begonnen hatte.

Immer hart am Wind

In den ersten Tagen des neuen Jahres löst sich die Gemeinschaft des Campingplatzes langsam auf. Mitte Januar ziehen auch Sonja und Klaus weiter. Sie streben weiter nach Süden, dem Kap Hoorn entgegen. Auf der ältesten Schafsfarm Feuerlands, der „Estancia Haberton“, holen sie sich die (kostenlose) Erlaubnis zum Campen, als schon die ersten bekannten Gesichter auftauchen: Vier weitere Paare, mit denen sie die Feiertage auf dem Campingplatz „Laguna Verde“ verbracht hatten, wollen sich ebenfalls das untere Ende des amerikanischen Kontinents ansehen.

Die südlichste Stadt hatten sie mit Ushuaia nahe des Nationalparks „Tierra del Fuego“ bereits passiert. Nun fahren sie entlang des Río Moat, bis die Straße unwiderruflich endet. Das GPS zeigt S 54°88.073' und W 66°44.583'. Es ist der südlichste Punkt, den Sonja und Klaus auf ihrer Weltreise je erreichen sollten.

Auf ihrem Rückweg folgen sie dem Lauf des Beagle-Kanals. Der Wind weht heftig, wie überall im Süden Argentiniens und Chiles. Die Landschaft ist noch stark bewaldet, ganz im Gegensatz zum Nationalpark, wo die Menschen einst kopflos radikalen Kahlschlag verübt hatten. Überall ist das Werk des Bibers zu erkennen. Nicht nur umgelegte Bäume: Die Biber stauen das Wasser der Flüsse, wodurch sie die umliegenden Wiesen überschwemmen. Das lässt die Bäume langsam faulen und schließlich absterben.

Immer wieder kreuzen die befreundeten Schweizer ihren Weg. Aber auch zwei Biber. Klaus stoppt den Unimog am Straßenrand und greift nach der Kamera. Einen ganzen Nachmittag lang liegt er auf der Lauer und filmt die munteren Kerlchen, wie sie notwendige Renovierungsarbeiten an ihrem Bau erledigen.

Bild Seite 96/97:
Der mächtige Monte Fitz Roy bildet stundenlang die Kulisse ihrer Fahrt.

An den Wänden der „Cueva de las Manos" befinden sich geheimnisvolle Handabdrücke – die meisten von Linkshändern.

Ein Weg aus Schotter und Wellblech bringt sie im Schneckentempo dem mächtigen Monte Fitz Roy entgegen. Wie Hohn wirkt das Tempo-Limit von 80 km/h. An keiner Stelle geht es schneller als mit 30 voran. Das ständige Gepolter macht Musikhören unmöglich. Ständig blockieren die Sicherheitsgurte und pressen Sonja und Klaus in ihre Sitze. Doch die imposante Kulisse des Fitz Roy macht alle Qualen vergessen. Einen ganzen Tag lang begleitet er ihre Fahrt, abwechselnd im Rückspiegel und vor der Windschutzscheibe.

Sie machen auch einen Abstecher zur „Cueva de las Manos", der „Höhle der Hände". Wie der Name schon sagt, findet man an ihren Wänden – neben Jagdszenen und anderen Zeichnungen – zahlreiche Handabdrücke. Die meisten stammen offenbar von Linkshändern. Die Farben leuchten, als wären sie soeben frisch aufgetragen worden, doch sind sie bereits mehr als 3500 Jahre alt. Zauberhafte Welten sind das.

Auf der Carretera Austral geht es nun steil Richtung Norden. Die Straße, deren Bau im Jahr 1976 begonnen wurde, gilt heute als chilenisches Wunderwerk, verbindet sie doch die Metropolen des Landes mit einem bis dahin unerschlossenen Gebiet. Und daran hat sich zum Glück bis heute nichts geändert: keine Städte, keine Dörfer, dafür Wälder, Flüsse und Seen, wohin das Auge blickt.

Als sie Coyhaique erreichen, treffen sie gleich wieder auf Bekannte aus Feuerland: Tigo und Armin empfehlen ihnen, die Nacht über hier zu bleiben, denn an diesem Abend findet in Coyhaique der vielleicht bedeutendste Tanzwettbewerb des Landes statt. Aus allen zwölf Regionen Chiles sind die Paare angereist, um im Volkstanz „Cueca" gegeneinander anzutreten. Die Frauen tragen herrlich altmodische Trachten mit vielen Unterröcken, die Männer verkörpern mit ihren kniehohen, sporenbesetzten Stiefeln und den breitkrempigen Hüten den typisch südamerikanischen Macho. Bis weit nach Mitternacht tanzen die

Gut, wenn man den Kundendienst und kleinere Reparaturen am Unimog selbst ausführen kann.

Kontrahenten, was das Zeug hält. Sonja und Klaus sind müde, doch die Darbietungen sind äußerst mitreißend - und natürlich wollen sie auch wissen, wer gewonnen hat.

Nach einem langen, tiefen Schlaf nutzt Klaus den nächsten Tag, um den längst fälligen Kundendienst am Unimog zu verrichten. Einmal mehr ist er froh, sich näher mit der Technik des Autos auseinandergesetzt zu haben. In den Weiten Südamerikas ist man oft auf sich allein gestellt.

Nordwärts geht es weiter. Die Vegetation wird grüner, satter. Der sogenannte kalte Regenwald macht seinem Namen alle Ehre: eisiger Nieselregen und heftige Schauer wechseln sich auf den nächsten 200 Kilometern ab.

Nach einer kurzen Passage durch Argentinien steht der nächste Grenzübertritt nach Chile bevor. Und der hält wieder einmal einige Überraschungen parat. Da die Einfuhr von offenen Nahrungsmitteln untersagt ist, nimmt ihnen der Zöllner eine halbe Zwiebel und eine gekochte Kartoffel ab. Der Rest Käse und die angebrochene Milch scheinen ihn dagegen nicht zu stören. Sie dürfen im Kühlschrank bleiben. Dafür muss Sonja alle zehn Paar Schuhe auspacken und desinfizieren lassen. Dazu werden diese auf einen getränkten Schaumstoff gepresst und anschließend in Plastikfolie eingeschweißt. Eine saubere Sache.

Schon von Weitem sehen sie die hoch aufsteigende Rauchfahne des Villarica, eines noch aktiven Vulkans. Bis auf 1400 Meter Höhe führt die Straße, ehe sie ihren nächsten Nachtplatz erreichen. Seit Nepal waren sie nicht mehr so hoch gekommen. Doch das sollte noch längst nicht alles sein: Sonja und Klaus haben sich fest vorgenommen, den Villarica zu besteigen.

In Pucón besorgen sie sich Steigeisen und Pickel, dann beginnt das Abenteuer in eisigen Höhen. Morgens um halb sieben brechen sie auf. Noch ist es dunkel, doch das diffuse Licht des Halbmondes reicht, um den von Schnee und Eis bedeckten Berg zu erleuchten. Längst haben sie die Wolken unter sich gelassen, als die Sonne mit ihren ersten Strahlen den Berg in ein zartes Rosa taucht. Der Weg wird anspruchsvoller, ohne Steigeisen kommen sie nicht mehr voran. Der Blick nach oben zeigt nichts als eine einzige steil aufragende weiße Wüste. Mit schweren Schritten kommen sie Meter um Meter voran und kämpfen sich durch den peitschenden Wind. Der Gipfel ist keine 100 Höhenmeter mehr entfernt. Doch der Wind wird immer stärker. Auf den letzten 70 Metern wären sie ihm hilflos ausgeliefert. Das Risiko, irgendwo an der Flanke eines Berges in Chile die Reise zu beenden, ist zu groß. Schweren Herzens drehen sie um, so kurz vor dem Ziel.

Auf dem Weg nach unten begegnet ihnen eine Gruppe von mehr als 20 Touristen bei der Rast. Hier weht kein Wind, die Bergsteiger wissen nicht, was ihnen weiter oben bevorsteht. Klaus' Warnungen tut ihr Führer als Panikmache ab. Die Gruppe bricht auf. Doch schon nach einem kurzen Stück bläst sie der Sturm zurück. Regentropfen hacken ihnen wie Eiszapfen ins Gesicht. Auf dem Hosenboden oder auf den Knien rutschen sie Meter um Meter das Eis hinab, ehe sie endgültig aufgeben. Der Berg hat ihren trotzigen Willen besiegt.

Im Basislager angekommen, ziehen sich Sonja und Klaus um und brechen auf. Von Pucón aus werfen sie einen letzten Blick auf den Villarica: Wo sie vor drei Stunden noch in Wind und Regen aufgeben mussten, aalt sich der Berg jetzt im strahlenden Sonnenschein. Wie ein verrückter Traum erscheint ihnen die Bergtour in diesem Augenblick.

Fischspezialitäten auf Chiloé.

Klaus gibt Gas und steuert der nach Feuerland zweitgrößten Insel Südamerikas zu: Chiloé. Schon als die Fähre an der Küste anlegt, fällt ihnen auf, dass die Menschen hier offenbar deutlich ärmer sind als im Rest Chiles. Einfache Hütten bestimmen das Bild in den Siedlungen. Wer es sich leisten kann, hat sie mit hand-

Mit ihren bunt bemalten Booten fahren die Fischer von Chiloé jeden Morgen aufs Meer hinaus.

geschnitzten Holzschindeln wetterfest gemacht. Doch überwiegend sind die kleinen Häuser mit Wellblech gegen die rauen Winde geschützt. Die Küsten dagegen sind gesäumt mit den sogenannten „Palafitos“, bunt bemalten Hütten. Sie stehen auf hohen Stelzen und trotzen so den Gezeiten des Pazifischen Ozeans.

Wer nach Chiloé reist, sollte wenigstens einmal die Spezialität der Insel probiert haben, den „curanto“: In einem Erdloch werden auf glühender Kohle Muscheln, Hähnchen, Würstchen und ein schmackhafter Kartoffelteig geschmort. Während sich Sonja als Vegetarierin mit dem gebackenen Kartoffelteig begnügt, ist Klaus von der Mischung aus Fleisch und Meeresfrüchten begeistert. Auch die typisch südamerikanischen Empanadas verzehren sie mit Genuss. Die Teigtaschen werden sowohl pikant (mit Käse, Mais und Fleisch) oder auch süß (mit Äpfeln) gefüllt und zu jeder Gelegenheit gereicht.

Im chilenischen Seengebiet zwischen Puerto Montt und Villarica kann man es durchaus ein paar Tage aushalten.

Die beiden Frauen in der Empanada-Stube benutzen zwei Lappen undefinierbarer Farbe, um die Theke zu putzen, die Teller abzuwischen, sich die Hände abzutrocknen und schließlich auch, um darauf die Teigtaschen zu servieren. Das heiße Frittierfett mochte jedoch alle Keime abgetötet haben. Als sich eine Frau auch noch ihren von Suppe benetzten Mund mit ihrem Lappen abwischt, sind Sonja und Klaus endgültig in Südamerika angekommen. Sie genießen die Atmosphäre, die von Fettgeruch und Spülwasser durchzogen ist. Musik dudelt aus dem Radio, die Menschen unterhalten sich angeregt an der Theke. Mit Genuss saugen sie den Augenblick auf. Und das Essen bekommt ihnen gut.

Ihr weiterer Weg auf dem Festland wird wieder von einem stolzen Berg geleitet, dem Vulkan Osorno. Entlang des Lago Llanquihue gelangen sie in das sogenannte Chilenische Seengebiet, wie die Region zwischen Puerto Montt und Villarica genannt wird. Am Ufer des Sees, immerhin der größte Chiles, suchen sie ein Plätzchen zum Übernachten. Das erweist sich als weit schwieriger als erwartet: Wo das Ufer noch nicht bebaut ist, sind bereits neue Grundstücke ausgewiesen und abgesteckt. Erst als sie den Río Petrohué entlangfahren, finden sie eine ruhige Stelle.

In der ganzen Region wuchern die Brombeeren. Dunkel und saftig glänzen die kleinen Früchte. Sonja sammelt sie körbeweise ein und kocht daraus eine köstliche Marmelade.

Die Einsamkeit macht Appetit auf mehr (die Marmelade natürlich auch), und so beschließen sie, die nächsten Tage an dem nahe gelegenen Vulkansee Lago Calafquén mit seinen schwarzen Lavastränden zu bleiben und außer Baden und Faulenzen nichts zu tun. Doch die Einsamkeit hat bald ein Ende: Gretel und Aschi, denen sie schon mehrmals auf ihrer Reise begegnet sind, treffen unerwartet ein. Es ist ein herzliches Wiedersehen. Gemeinsam fahren sie nach Pucón und feiern mit herrlich großen und zuckersüßen Tortenstücken Sonjas Geburtstag.

Von Pucón aus sind es nur zwei Tagesfahrten bis zur Hauptstadt Santiago de Chile. Der Weg dorthin führt über die Panamericana, jener legendären Straße, die sich von Alaska bis Feuerland entlang der Pazifikküste schlängelt und hier „Via Panam" genannt wird. Nach der Ruhe im Süden Chiles trifft sie in der Sechs-Millionen-Metropole Santiago der Kulturschock. Glücklicherweise kommen sie an einem Sonntag an. Der Verkehr ist erträglich, und sie erreichen problemlos die deutsche Schule, neben der sie für einige Tage ihren Unimog abstellen dürfen.

Bei gut 37 Grad im Schatten genießen sie den Bummel durch die Stadt. Rund um den zentralen Platz, der wie fast überall in Südamerika den Namen „Plaza de Armas" trägt, stehen prachtvolle Bauwerke wie die

Unterwegs auf der Panamericana.

Kathedrale, aber auch das imposante Postamt. In den Markthallen genießen sie die köstlichen Imbisse, die knorrige alte Frauen in ihren großen Töpfen dampfen lassen. Auf der anderen Seite des Río Mapocho besuchen sie den „Mercado de las Flores" und decken sich für wenige Euro mit kiloweise erntefrischem Obst und Gemüse ein.

Von dem etwas außerhalb gelegenen Hügel „Cerro Santa Lucía" lassen Sonja und Klaus die Blicke über die Stadt wandern. Trutzige Kolonialbauten wechseln sich mit verspiegelten Wolkenkratzern ab. Schnell haben sie sich an diesem Moloch sattgesehen und verlassen Santiago. Und Chile.

Auf rund 2900 Meter Höhe windet sich die Straße zum Pass „Los Libertadores". Auf die chilenische Grenze folgt ein drei Kilometer langer Tunnel, ehe Argentinien erreicht ist. Weiter geht es über die „Puente del Inca", eine natürliche Felsbrücke, die sich 28 Meter breit und 47 Meter hoch über den Río Mendoza spannt. Eine stark schwefelhaltige Quelle,

Im argentinischen „Valle de la Luna" wurden die ältesten Dinosaurier-Knochen gefunden. Sie sollen mehr als 200 Millionen Jahre alt sein.

die ganz in der Nähe entspringt, färbt die Landschaft in einen rötlich-gelben Ton. Am Horizont bestimmt der Aconcagua das Bild. Mit seinen 6969 Metern Höhe ist er der mächtigste Berg ganz Amerikas.

Den ersten Stopp machen sie in einem der außergewöhnlichsten Wallfahrtsorte Südamerikas. In Vallecito wird „Difunta Correa“, die tote Correa, verehrt. Eigentlich hieß sie María Antonia Deolinda Correa und erlangte ihre Berühmtheit, weil sie während des Bürgerkrieges 1841 auf der Suche nach ihrem vermissten Mann in der Wüste verdurstet ist. Ihr Neugeborenes aber säugte sie bis zuletzt und rettete ihm damit sein Leben. In 15 kleinen Kapellen bringen ihr die Gläubigen jedes Opfer dar, das man sich nur denken kann. Die eine Hütte ist vollgestopft mit Uniformen, Mützen und militärischen Abzeichen, eine andere schillert vor lauter Brautkleidern. Nebenan sind Unmengen von Spielzeug-Autos abgestellt. Die Autofahrer verehren die Tote ganz besonders, denn „Difunta Correa“ heißt in der Umgangssprache so viel wie „kaputter Keilriemen“. Auch Klaus und Sonja hinterlassen ihre Visitenkarte als Opfergabe in der dafür vorgesehen Kapelle. Man kann ja nie wissen…

Von hier ist es nicht weit ins „Valle de la Luna“, das „Tal des Mondes“. Und es trägt seinen Namen zu Recht. Wind und Wüstensand haben bizarre Gebilde aus den roten Felsen geschliffen, die aufgrund ihrer Formen nun Namen wie „U-Boot“, „Sphinx“ oder „Pilz“ tragen. In diesem Tal wurden die ältesten Dinosaurier-Skelette der Welt gefunden. Sie stammen aus einer Zeit vor mehr als 200 Millionen Jahren.

Klaus lenkt den Unimog wieder zurück in Richtung Westen, nach Chile. Diesmal peilen sie einen noch höheren Pass an: den „Paso Agua Negra“ in 4780 Metern Höhe. Die Grenzstation liegt bereits auf 2300 Metern, danach geht es in steilen Serpentinen in luftige Höhen. Die schmale Straße ist wie angeklebt an das rote Massiv. Auf der Talseite geht es mehrere hundert Meter senkrecht in die Tiefe. Auf 2900 Metern begegnen sie einem letzten argentinischen Posten, dann gibt es nichts mehr als Stein und Schnee. Doch gerade der hat den Pass so berühmt gemacht. Sonne und Wind formen den Schnee so, dass er in aufrechten Platten stehen bleibt. Die Spitzen schmelzen zu runden Buckeln, was an die Büßergewänder bei Osterprozessionen erinnert. Aus diesem bizarren Bild entstand der Name „Büßer-Schnee". Begeistert betrachtet Sonja diese Laune der Natur durch das Fenster, während Klaus auf die Bremse steigt.

Der Pass ist erreicht, 4780 Höhenmeter bedeuten einen neuen Rekord auf ihrer Reise. Der Khunjerab-Pass in Pakistan hatte sie lediglich auf 4670 Meter geführt. Doch eisig kalt ist es auch hier in den Anden, sodass sie rasch wieder ins Führerhaus klettern und auf der chilenischen Seite hinabfahren. Am Stausee „La Laguna" machen sie Halt und übernachten in 3200 Metern Höhe.

Die Weiterfahrt am nächsten Tag führt sie durch ein künstlich bewässertes Weinbau-Gebiet. Sonja träumt gerade von einem Glas Cabernet Sauvignon, als ein lautes Pfeifen sie aufschreckt: Der linke Vorderreifen verliert Luft. Sie haben die erste Reifenpanne ihrer Weltreise. Schnell bocken sie den Unimog auf den Wagenheber. Immer wieder wird der Reifenwechsel unterbrochen: Klaus muss die Szene mit der Kamera festhalten. Gerade, als die Arbeit richtig mühsam wird, tauchen Hermine und Manfred auf, auch zwei Bekannte von Feuerland. Unter ihren interessierten Blicken ist der Schaden rasch behoben und die Fahrt geht weiter. In Punta Choros machen sie einen Bootsausflug. Der Bootsführer steuert sie inmitten einer großen Delfin-Gruppe. Zu beiden Seiten des Kahns springen die eleganten Tiere aus dem Wasser und halten locker mit dem Tempo des Bootes mit. Auch Pinguine, Seelöwen und Pelikane entdecken sie auf den vorgelagerten Inseln.

Wie ein schwarzer Koloss wirkt dieser Reifen in Sonjas Händen.

Auch Chile besitzt sein eigenes „Valle de la Luna“ – viel karger und einer Mondlandschaft noch ähnlicher als jenes in Argentinien.

Am nächsten Tag geht es weiter Richtung Norden, vorbei am Observatorium auf dem 2600 Meter hohen Cerro Paranal. Errichtet von mehreren europäischen Ländern, besitzt es das größte Teleskop der Welt.

Antofagasta heißt die nächste größere Stadt. Von diesem Hafen aus werden die Schätze vieler Minen in alle Welt verschifft. Eher nostalgisch muten die Eisenbahn-Gleise an, die von hier ins Landesinnere gehen. Auf ihrer Weiterfahrt folgen sie viele Kilometer lang der Trasse, bis sie Baquedano erreichen. Das Örtchen mit dem halb verfallenen Bahnhof sieht aus wie die Geisterstadt aus einem Wildwestfilm. Staub weht durch die leeren Gassen, Blechschilder quietschen im Wind. Gerade als Klaus die Szenerie mit der Kamera einfängt, taucht in der Ferne ein Zug auf. Er ist auf dem Weg nach Bolivien. Und schon kommt der Gegenzug vorbei. Nach wenigen Minuten ist das qualmende Getöse vorbei und der Ort wirkt so ausgestorben wie vorher.

Schließlich erreichen sie San Pedro de Atacama. Der kleine Ort ist ein Treffpunkt von Aussteigern und Wüstentouristen. Zahllose Tour-Veranstalter und Fahrrad-Verleiher haben San Pedro viel von seiner urtümlichen Atmosphäre genommen.

In der Nacht schreckt Sonja hoch: es brennt! Das Dach des Restaurants, neben dem sie ihren Unimog geparkt hatten, steht in Flammen. Klaus weckt den Gastwirt, doch da der weder Telefon noch Auto besitzt, bittet er die beiden, Hilfe zu holen. In finsterer Nacht rasen sie entgegen der Einbahnstraßen des Dorfes, ehe sie die Polizeistation erreichen. Als sie zurückkehren, haben der Wirt und einige Helfer den Brand bereits mit Eimern weitgehend gelöscht. Die bald eintreffende Feuerwehr setzt eigentlich nur noch das Lokal unter Wasser. Doch der Schaden hält sich in Grenzen.

Nur wenige Kilometer von San Pedro entfernt liegt das chilenische „Valle de la Luna". Auch wenn es den gleichen Namen trägt, sieht es

Die Idylle trügt: San Pedro de Atacama ist längst zu einem Zentrum des Wüstentourismus geworden.

doch völlig anders aus als sein Pendant in Argentinien. Die felsige Landschaft ist voll und ganz von kristallisiertem Salz überzogen, das die kargen Gesteinsformationen in der Sonne funkeln lässt.

Auf dem Weg zu den El-Tatio-Geysiren sehen sie zum ersten Mal Vicuñas. Die kleinsten Mitglieder der Lama-Familie können nur in Freiheit überleben und geben eine äußerst kostbare Wolle. Pro Schur erhält man nicht mehr als 200 Gramm.

El Tatio liegt auf mehr als 4300 Metern und hat damit die höchsten Geysire der Welt. Überall schwappen Dampf und kochend heißes Wasser aus dem Boden. Während der Nacht frieren die Löcher zu, um am nächsten Morgen wieder von den Wasserfontänen durchstoßen zu werden.

Sonja und Klaus verbringen eine weitere Nacht in der Wüste. Diesmal ist es Klaus, der aus dem Schlaf hochschreckt. Er hat das Gefühl, jemand rüttelt am Unimog und versucht ihn umzustürzen. Doch die Landschaft ist vom Vollmond hell erleuchtet und niemand ist zu sehen. Auch der Wind kann es nicht gewesen sein. Kein Lüftchen regt sich. Verwundert schlüpft Klaus zurück in seine Koje. Erst am nächsten Tag lesen sie in der Zeitung, dass sie genau im Epizentrum eines Erdbebens der Stärke fünf bis sechs gestanden hatten.

Ein wahrhaft bewegendes Ereignis, bevor sie sich erneut auf den Weg nach Argentinien machen. 30 Kilometer vor der Grenze übernachten sie erneut. Da die Temperatur hier bis auf minus zehn Grad sinkt, hat Klaus dem Diesel rund 15 Prozent Benzin zugemischt. So soll verhindert werden, dass das Diesel versulzt.

Dann die Abfahrt am nächsten Morgen: Der Motor orgelt qualvoll, pechschwarze Abgaswolken drücken aus dem Auspuff. Doch der Motor springt an. Und Argentinien ist nicht mehr weit.

Bild Seite 112/113:
Die „Carretera Austral" führt durch unberührte Natur und verbindet den Süden Chiles mit den Metropolen des Landes.

Man spricht deutsch

Für die Beamten an der argentinischen Grenze scheinen Sonja und Klaus eine willkommene Abwechslung zu ihrer alltäglichen Monotonie zu sein. Nur so ist zu erklären, weshalb sie derart gewissenhaft Daten um Daten in ein ganzes Bündel von Formularen tippen: Die Seriennummern der Kamera und der Fotoapparate müssen ebenso festgehalten werden wie die Fahrgestellnummer des Trikes. Ständig verhakt sich das Farbband in der antiquierten Schreibmaschine. Das schimpfende Männchen in seinem so gar nicht militärischen Jogging-Anzug gibt ein wahrhaft wenig autoritäres Bild ab.

Irgendwann ist es ihm wohl genug der Formalitäten. Der Grenzer greift zum Stempel, klopft diesen in die Reisepässe und gibt an, die ganze Prozedur mit einer kurzen Besichtigung des Unimogs zu beenden. Die reichhaltige Ausstattung der Wohnkabine entlockt ihm ein begeistertes „Muy bonito!“ („Sehr schön!“) und schon winkt er die beiden weiter.

Klaus hatte gehofft, dass die Strecke auf argentinischer Seite endlich wieder bergab führen würde – doch weit gefehlt. Die mit Wellblech belegte Piste strebt unaufhaltsam neuen Höhen entgegen. Um die Mittagszeit sind sie bereits auf 4475 Metern angekommen, als sie ein zweites Mal jenes unmissverständliche Pfeifen vernehmen: die nächste Reifenpanne, diesmal vorne rechts. Die Erfahrung der ersten Panne und die Vertrautheit mit der dünnen Höhenluft machen die Arbeit spürbar leichter. Rasch ist der Unimog aufgebockt und das Rad mit einem neuen Schlauch bestückt. Nur bei zu hastigen Bewegungen schnappen sie gierig nach Sauerstoff. Doch nach zwei Stunden ist das Werk vollbracht und das wohlverdiente Mittagessen kommt auf den Tisch.

Bild Seite 115:

Schon wieder eine Reifenpanne! Zum Glück ist der Unimog mit einigen Extras wie dieser Handwinde ausgestattet.

www.outdoor-production.com

Bald ist der nächste Ort erreicht, San Antonio de los Cobres. Und wie es der Zufall so will, treffen sie am Ortsende auf einen Reifenflicker. Professionell vulkanisiert er den eingerissenen Schlauch und präsentiert stolz das perfekte Ergebnis seiner Arbeit. Begegnungen dieser Art sind in Argentinien keine Seltenheit: Gerade als das Gas ausgeht und auf viele Tage kalte Küche (und kalte Dusche) droht, steht am Wegesrand im Niemandsland ein Gasverkäufer. In diesen Augenblicken ahnen Sonja und Klaus, wie sich eine halb verdurstete Wüstenkarawane beim Anblick einer Oase fühlen muss…

Nach San Antonio geht es endlich bergab. Die Kakteen am Wegesrand werden bald von üppigerem Grün abgelöst. Ein Hirte treibt eine bunt gemischte Herde aus Lamas, Schafen und Ziegen vor sich her, auf der Suche nach sattem Weideland. Die Temperatur steigt ebenso rapide an wie die Luftfeuchtigkeit. Nach den vielen Wochen in der trockenen Atacama fühlen sich Sonja und Klaus wie im Treibhaus.

Was eine Oase für Wüstenkarawanen ist, das ist für einen Weltreisenden ein Gasverkäufer im argentinischen Niemandsland.

Die nächsten Tage verbringen sie auf dem Campingplatz von Salta am Fuße der nordargentinischen Anden auf etwa 1200 Metern. Mit Spannung betreten sie eine Bank in der Innenstadt – wie mag sich wohl der Peso-Kurs seit ihrem letzten Geldtausch vor sieben Monaten verändert haben? Damals stand er 1:1 zum US-Dollar. Doch es ist die Zeit der argentinischen Rezession. Für einen Dollar bekommen sie nun, im April 2002, sage und schreibe 2,70 Pesos. Kurios: Obwohl die Preise für Lebensmittel und Benzin teils drastisch gestiegen sind, wird das Leben für Sonja und Klaus nun deutlich billiger.

Ein Beispiel: Wie beim letzten Argentinien-Aufenthalt schließen sie eine Autoversicherung für ein halbes Jahr ab. Damals kostete diese 357 Pesos, was ebenso vielen Dollars entsprach. Mittlerweile stieg die Versicherung auf 413 Pesos, die aber nicht mehr als 153 Dollars wert sind.

Salta ist eine schöne Stadt. Wie überall auf dem Kontinent gehört die Kathedrale an der Plaza zu den überragenden Bauwerken. Gerade als Sonja und Klaus vorbeispazieren, machen sich mehrere mit Ohrenschützern ausgestattete Männer daran, die gewaltigen Glocken zu läuten. Auch die üppig verzierte, dunkelrot-gelb bemalte Kirche San Francisco fällt ihnen ins Auge, gilt ihr Glockenturm doch als der höchste in ganz Südamerika.

Die Innenstadt von Salta wirkt sehr liebenswert, auch wenn die stark „duftenden" Innereien, die überall in der Markthalle hängen, Sonja fast den Appetit auf die Spezialitäten der typischen Garküchen verderben. Doch eine Fahrt mit der Seilbahn auf den „Cerro Bernardo", einen kleinen Berg am Rande der Stadt, gibt ein anderes Bild preis: Salta erstreckt sich über ein gigantisches Gebiet und trägt den Ruf einer Metropole zu Recht. In der Ferne erkennen sie die Berge Boliviens. Dorthin, und dann weiter nach Paraguay, treibt es sie als Nächstes.

Die Straße Richtung Norden ist gut ausgebaut. Die grüne Vegetation weicht nun endlosen Zuckerrohr-Feldern, Obstgärten und Bananen-Plantagen. Das Thermometer fällt nie unter 30 Grad, es ist drückend schwül. Eine kalte Dusche stoppt den Schweiß keine halbe Stunde lang.

Schon bald taucht Yacuiba auf. Klaus hat diesen Grenzübergang gewählt, weil er fast ausschließlich von Einheimischen und kaum von Touristen benutzt wird. Sonja sieht mit Erstaunen, welche Lasten die Bolivianer, vor allem aber deren Frauen über die Grenze tragen. Prall gefüllte Säcke mit Mehl, Milchpulver, Reis, Wein, Baumaterial oder auch Elektrogeräten haben sie in bunten Tüchern um ihre Schultern gewickelt. Nicht selten scheint das Gewicht 30 oder gar 40 Kilo locker zu übersteigen.

Flankiert wird das Gewimmel auf der Straße von unzähligen Imbiss- und Verkaufsbuden auf beiden Seiten. Das Stimmengewirr vermischt sich mit den stotternden Motoren, überall liegen Abfälle herum, deren Gerüche sich in der Mittagshitze zu beißenden Aromen entfalten.

Doch die Ausreise ist problemlos: Niemand interessiert sich für die akribisch zusammengetragenen Daten, die bei der Einreise nach Argentinien so viele Blätter füllten. Ein Stempel in die Pässe, einer in die Autopapiere, und schon rollt der Unimog zum ersten Mal über bolivianischen Boden.

Dass hier ein anderer Wind weht als in Argentinien und Chile, spüren Sonja und Klaus gleich am bolivianischen Zoll: Der erste Beamte verweigert ihnen die sonst übliche Einreise für 90 Tage. Er beschränkt ihren Aufenthalt auf 30 Tage und meint, die restlichen 60 könnten sie sich in der Hauptstadt Sucre gewähren lassen. Die Fahrzeugpapiere füllt Sonja diesmal selbst aus. Die extreme Luftfeuchtigkeit wellt das Papier beim Schreiben.

Dann folgt der Höhepunkt der Prozedur: Ein besonders wichtiger Beamter diktiert einem jungen Mädchen eine ganze Reihe von Daten, welche dieses sorgfältig in ein dickes Buch einträgt. Dafür verlangt er zehn Bolivianos von Klaus, die dieser zunächst bereitwillig bezahlt. Doch als er nach einer Quittung fragt, schlägt die Stimmung um. Der Beamte schimpft unverständliche Redesalven vor sich hin, ehe das Mädchen die Schublade wieder aufzieht und Klaus seinen Zehner zurückgibt.

Dieses Erlebnis wiederholt sich in den nächsten Stunden mehrmals. Die Straße von Yacuiba zum Grenzübergang nach Paraguay ist gut aus-

An der bolivianischen Grenze bei Yacuiba herrscht ein heilloses Durcheinander. Männer und Frauen schleppen riesige Bündel auf ihren Rücken.

gebaut, ist allerdings mautpflichtig. Immer wieder gelangen sie an eine Mautstation, wo mal mehr, mal weniger Geld verlangt wird. Immer gibt es Stempel oder gleich neue Zettel. Nur hin und wieder will ein strenger, uniformierter Beamter Geld, ohne einen Stempel oder sonstigen Beleg dafür zu geben. Klaus weigert sich strikt, den geforderten Betrag zu bezahlen. Interessanterweise darf er dennoch jedes Mal passieren. Offenbar hat er dann wieder einmal einen Streckenposten um sein Trinkgeld gebracht…

So erreichen sie ohne nennenswerte Zwischenfälle Boyuibe, von wo sie nach Paraguay überfahren wollen. Doch an der Grenze folgt der nächste Schlag: Die Straße ins Nachbarland sei in einem furchtbaren Zustand und dadurch nicht befahrbar. Außerdem sei hier, in Boyuibe, nur noch der Zoll. Die Migración (Ausreisebehörde) dagegen liege mittlerweile rund 100 Kilometer zurück, in Villa Montes. Doch gebe es von dort aus eine Piste, die durch den Chaco direkt in die paraguayische Hauptstadt Asunción führe. Völlig vor den Kopf gestoßen beginnt Klaus eine kleine Debatte mit dem Zöllner, welchen Sinn es mache, Zoll und Migración 100 Kilometer voneinander zu trennen. Doch der antwortet in aller Ruhe, dass in wenigen Wochen auch der Zoll von hier wegziehe und dann beide Einrichtungen in Ibibobo vereint würden.

Klaus sieht ein, dass alles Diskutieren nichts bringt. Er lässt sich das Ausführen des Unimogs bestätigen und dreht um Richtung Villa Montes. Hier treffen sie gleich auf ein Auto mit paraguayischem Kennzeichen. Der Fahrer bestätigt, dass er über die vom Zöllner in Boyuibe erwähnte Piste nach Bolivien gekommen sei, auch wenn diese auf keiner Karte eingezeichnet ist. Den Weg finden sie nur, indem sie an jeder Kreuzung aufs Neue fragen. Irgendwo zweigt der Weg ohne jede Beschilderung ab. Umso überraschter sind sie, als sie auf einmal vor dem Militärposten von Ibibobo stehen. Wie selbstverständlich erhalten sie direkt dahinter an der Migration ihre Stempel. Dann fahren sie weiter die Piste entlang, bis zum letzten Militärstützpunkt auf bolivianischer Seite. Hier stellen sie den Unimog ab und verbringen eine ruhige, traumlose Nacht.

Der Albtraum folgt am nächsten Morgen: Heftiger Regen hat die staubige, ungeteerte Straße in eine einzige Schlammpiste verwandelt. Doch der Unimog wird den 18 Kilometern bis zur Grenze trotz einiger Schlitterpartien noch Herr. Die Grenzer in Paraguay sind sehr aufgeschlossen und freundlich. Interessiert unterhalten sie sich mit Sonja und Klaus über deren Reise, winken sie ohne weitere Kontrollen durch und wünschen ihnen eine gute Weiterfahrt. Schon nach wenigen Kilometern hallen diese Worte fast wie Hohn in ihren Köpfen.

Auf der bolivianischen Seite war die Piste noch mit Kies bedeckt, dadurch fanden die Reifen des Unimogs problemlos Halt. Hier besteht die Strecke aus nichts als frisch aufgeweichtem Matsch und Schlamm. Die Piste fällt rechts in einen Graben ab, sodass Klaus mit höchster Vorsicht lenken muss, um nicht seitlich abzudriften. Der Dauerregen macht den Zustand der Piste nicht besser. Im Schneckentempo geht es dahin, an eine Pause ist nicht zu denken. Nicht einmal zum Essen und Trinken halten sie an. Wo auch? Die Schlammspur durch den Chaco reicht bis zum Horizont.

Am Nachmittag treffen sie auf einen im Matsch liegen gebliebenen Bus. Die Fahrgäste, unter ihnen zwei europäisch wirkende Familien, harren offenbar schon seit Stunden im Niemandsland aus und bitten um Trinkwasser. In fließendem Deutsch. Es sind Mennoniten, die einst aus Deutschland eingewandert sind, um das karge Land des Gran Chaco urbar zu machen. Überrascht füllt ihnen Sonja einige Liter in einen Kanister ab. Klaus versorgt sie mit Werkzeug und sofort versuchen sie, die defekte Kupplung ihres Busses zu reparieren – ohne Erfolg.

Noch während sie beratschlagen, wie sie sich aus ihrer misslichen Lage befreien könnten, kommt die Rettung durch den Dreck gefahren: Ein allradbetriebener Bus naht und nimmt eine der beiden Familien sowie einige der paraguayischen Fahrgäste auf. Der Busfahrer beruhigt die Zurückgebliebenen, dass schon in wenigen Minuten ein weiterer Bus des Weges kommen müsse. Doch die zweite mennonitische Familie bittet eindringlich, im Unimog wenigstens bis Mariscal Estigarribia gefahren zu werden. Sonja und Klaus stimmen zu, obwohl sie eigentlich strikt dagegen sind, in einem ihnen unbekannten Gelände nachts zu fahren.

Auch die Warnungen, die Fahrt im Unimog sei eher eine einzige Schaukelpartie, die vor allem den beiden Kindern auf den Magen schlagen könnte, bringen die Mennoniten nicht von ihrer Bitte ab. Offenbar glauben sie nicht an einen zweiten Bus.

Also beginnt die Fahrt. Die Piste wird etwas besser, doch nach wie vor schaukelt und schlingert das Auto hin und her. Schon nach wenigen Minuten wird es der Tochter der Mennoniten übel. Immer wieder übergibt sie sich. Sonja öffnet die Heckscheiben. Die frische Luft tut dem Mädchen gut, doch binnen kurzer Zeit ist die gesamte Kabine eingestaubt. Da naht Rettung im Rückspiegel: Tatsächlich ist ein zweiter Bus auf der Straße unterwegs. Als dieser den Unimog überholt, fordert ihn Klaus mit Hupen und Lichtsignalen zum Anhalten auf. Liebend gerne wechseln Isaac und

Über und über mit Dreck beschmiert, doch auch überglücklich: Sonja und Klaus haben den Unimog nach drei Stunden aus dem Morast im paraguayischen Chaco befreit.

seine Familie das Gefährt, zumal sie der Bus direkt bis nach Asunción, ihrem ursprünglichen Ziel, bringen kann. Eine halbe Stunde später bricht die Dämmerung herein, gerade als sie einen Militärposten erreichen. Hier bleiben sie über Nacht stehen, nur um vom selben Geräusch geweckt zu werden wie tags zuvor: wieder regnet es, wieder schwimmt die sandige Piste in dicken Pfützen davon.

Auf den ersten Kilometern hält sich der Unimog wacker. Nur hier und da schlingert das Heck aus, findet aber gleich wieder seine Spur. Doch zwei Stunden und 24 Kilometer weiter passiert, was passieren musste: Die acht Tonnen des Unimogs drücken sich durch den Schlamm und rutschen rechts die Böschung hinab. Für lautes Wehklagen bleibt keine Zeit. Sofort versucht Klaus, die Reifen freizuschaufeln, während Sonja Zweige und Büsche abschneidet und unter die Räder legt. Im Schritttempo kommen sie nun zwar vorwärts. Doch sie hängen weiter in der Grube auf der rechten Straßenseite, wo sich der Regen zu einem kleinen Fluss angestaut hat. Noch ein paar hundert Meter geht es so voran, dann verhakt sich der Unimog in einem Baum. Es geht weder vor noch zurück. Ein Ast drückt gegen die Seitenscheibe und droht sie einzudrücken. Mit einer Säge kappt Klaus Ast um Ast, ehe gerade noch die Hälfte des Baumes zurückbleibt.

Dann schaufeln sie den Schlamm weg, machen Durchbrüche für das Wasser, damit es abläuft, legen wieder Zweige unter die Räder. Zur Pistenmitte hin schieben sie den Schlamm weg, der nur wenige Zentimeter dick ist. Darunter ist der Boden steinhart und trocken. Gerade, als sie die Spur fertig präpariert haben, fängt es erneut an zu regnen. Eilig versucht Klaus, die improvisierte Rampe hochzufahren. Doch die Räder drehen durch. Das Profil ist voller Matsch, die Reifen finden keinen Halt in dem seifigen Brei aus Dreck und Regen. Unaufhaltsam rutscht der Wagen zurück in die braune Brühe. Sonja und Klaus sind bis zum Hals mit sandigem Schlamm beschmiert, doch sie geben nicht auf. Wieder schaufeln sie die Räder frei, die nun schon bis zur Hälfte im Boden stecken. Verzweifelt lassen sie die Schaufeln sinken. Immer wieder kommen Autos vorbei, doch niemand macht Anstalten, ihnen zu helfen. Die Seilwinde am Bug des Fahrzeugs ist ihre letzte Rettung. Doch woran soll Klaus das Tau befestigen? Am Wegesrand stehen nur mannshohe Büsche. So wickelt er das Seil um eine ganze Gruppe von Sträuchern und hofft, dass sie einem Gewicht von acht Tonnen standhalten können. Ihm fehlt jegliche Erfahrung, noch nie hatten sie die Winde benutzt. Doch es funktioniert: Zentimeter um Zentimeter hebt sich der Unimog aus seinem feuchten Bett.

Es mochten fünf Stunden oder mehr vergangen sein, seit sie im Matsch stecken geblieben waren. Doch erst jetzt bemerken die beiden, wie angespannt sie die ganze Zeit über waren. Ohne eine Sekunde Pause, aber auch ohne jeden Bissen und jeden Schluck Wasser haben sie das Auto und damit sich selbst aus dem Sumpf befreit. 220 Kilometer Qual im Niemandsland haben ein Ende.

Kaum waren sie die ersten Meter gefahren, kommt ihnen schon ein Auto entgegen. Klaus bemerkt das flotte Tempo des herannahenden Wagens und gibt Warnsignale mit der Lichthupe. Doch erst fünf Meter vor der Motorhaube des Unimogs bleibt das Auto stehen. Zwei Schweizerinnen, die sich hier im Chaco niedergelassen haben, sitzen darin und bitten Klaus, er möge ein wenig nach rechts ausweichen, damit sie ungehindert weiterfahren können.

Klaus ringt um Geduld. Stundenlang haben sie verzweifelt im Dreck geschuftet, um das Auto freizubekommen, und jetzt sollen sie wieder an den Rand der Böschung rutschen? Niemals! Ob sie denn nicht seine Lichtzeichen gesehen hätten? Nein, das sei ihnen gar nicht aufgefallen. Ohne Erfolg versuchen sie nun, zurückzusetzen. Erst als Klaus ein Stück nach links rückt, schießen die Schweizerinnen an ihnen vorbei und lassen eine gehörige Ladung Dreck an die Flanke des Unimogs klatschen.

Doch erst die nächste Begegnung lässt die beiden für einen Moment den Glauben an die Menschheit vergessen: Die Piste wird mit jedem Kilometer besser, schließlich werden die Reifen wieder mit lückenlosem Asphalt verwöhnt. Völlig baff erreichen sie schließlich ein Camp von Straßenarbeitern. Anstatt stundenlang im Schlamm zu wühlen, hätten sie hier binnen kürzester Zeit Hilfe organisieren können, hätte nur eines der vielen vorbeikommenden Autos gehalten. Oder hätten die Schweizerinnen nur ein Wort über dieses Camp verloren.

Doch die Arbeiter dort sind sehr herzlich und laden Sonja und Klaus an ihr Feuer unter einer großen Plastikplane ein. Nur zum Kochen verziehen sich die beiden lieber in ihre Wohnkabine. Für heute haben sie genug vom Regen. Am Herd fällt Sonja auf, dass sie seit dem Frühstück nichts mehr gegessen hatten. Über den Anstrengungen auf der Piste haben sie Hunger und Durst völlig vergessen.

Der nächste Tag kommt ihnen vor wie ein schöner Traum: Die Straße ist erstklassig geteert, die Sonne scheint, keine Panne weit und breit. Langsam häufen sich die Siedlungen im Chaco. Auf Schönau folgt Schönwiese, und schließlich erreichen sie Filadelfia. All diese Orte wurden von

Mennoniten gegründet, jener Glaubensgemeinschaft, die ursprünglich im ostfriesischen Emden gegründet wurde. Ihre Mitglieder lehnen die Zwänge von Staat und Kirche ab, was sie zu einer langen Wanderung durch die Kontinente gezwungen hat. Die Mennoniten im paraguayischen Chaco waren 1930 aus Russland eingewandert. Der Staat übergab ihnen das unfruchtbare Land in der Hoffnung, sie würden es urbar machen – was ihnen auch beeindruckend gelang. Dafür sind die Mennoniten auf ewig von bürgerlichen Pflichten wie Militärdienst oder dem Besuch staatlicher Schulen befreit. In ihren Kolonien im Nordwesten Paraguays verdingen sich mittlerweile auch zahlreiche Einheimische und Brasilianer als Tagelöhner. Der Landbau der Mennoniten floriert, auch verstehen sie es, ihre Produkte erfolgreich zu vermarkten.

In Filadelfia lernen Sonja und Klaus das Leben der Mennoniten kennen. Sind sie unter ihresgleichen, unterhalten sie sich in einem derben Platt. Ihre Gebete und Lieder aber sind in Hochdeutsch, das auch in den

Sonja nutzt die ereignisarme Zeit in Paraguay, um die Reiseberichte auf ihrer Homepage auf den neuesten Stand zu bringen.

Zeitschriftenläden und Büchereien der Stadt allgegenwärtig ist. Weil sie noch kein Geld wechseln konnten, leiht ihnen ein Mennonite ohne jedes Pfand genug Guaraní, um sich Brot und andere Lebensmittel für den ersten Tag in Filadelfia zu kaufen. Ein anderer nimmt sie mit auf seine Farm und erklärt ihnen, wie die Mennoniten brachliegendes Land urbar machen. Sie lassen genug Pflanzen als Naturreserve stehen und säen unterschiedliche Futterpflanzen für ihr Vieh aus. Das Regenwasser wird in sogenannten „Tajamares", künstlich angelegten Teichen, aufgefangen, um die Felder damit zu bewässern.

Mit diesen unerwarteten Eindrücken fahren sie nach einigen Tagen weiter Richtung Asunción. Auf dem Weg treffen sie auf die Migración in Pozo Colorado. Erst jetzt wird ihnen klar, dass sie sich bereits seit neun Tagen in Paraguay befinden, ohne sich den obligatorischen Stempel in den Pass geholt zu haben. Den Beamten stört das nicht weiter. Ohne jede Frage stempelt er die Papiere ab und schickt sie weiter. Nur 50 Meter weiter werden sie von einem uniformierten Zöllner aufgehalten. Doch alles was er will, ist einen Blick ins Wageninnere zu werfen. Begeistert nickt er, reckt den Daumen nach oben und verabschiedet sich.

Doch die Freude über die unkomplizierte offizielle Einreise nach Paraguay hat bald ein Ende: Der dritte Platten stoppt die Fahrt, zur Abwechslung hinten links. Diesmal ziehen sie den Ersatzreifen auf und beschließen, den kaputten Schlappen in Asunción flicken zu lassen.

Während sie beim Reifenflicker in der paraguayischen Hauptstadt sind, werden Sonja und Klaus pausenlos von Passanten angesprochen. Sogar zwei Zeitungsreporter kommen vorbei, fotografieren sie und stellen einige Fragen zu ihrer Weltreise. Das war's aber auch schon mit Asunción. Die Stadt hat ausländischen Gästen wenig zu bieten, weshalb sie schon am nächsten Tag nach Ciudad del Este, der berüchtigten Grenzstadt zu Brasilien weiterfahren.

Die Stadt scheint aufgrund ihres unaufhaltsamen wirtschaftlichen Aufschwungs aus allen Nähten zu platzen. Schon Kilometer vor dem Grenzübergang bleibt der Unimog im Stau stecken. Auf dem Fußweg hören sie

In Ciudad del Este blüht der Handel und der Tourismus – vor allem aber der Schmuggel nach Brasilien und zurück.

die Rufe von Passanten, die Zeitungen über ihrem Kopf schwenken und mit dem Finger zu ihnen herüberzeigen: Aber ja, der Bericht der Reporter von Asunción war erschienen. Und den Leuten gefällt es offenbar, dass sie das auffällige Auto mit dem deutschen Kennzeichen gleichzeitig auf der Straße und in der Zeitung sehen.

Und dann entdecken sie auch, woher Ciudad del Este seinen anrüchigen Ruf hat: Von einer Brücke werfen Frauen fest verschnürte Pakete in den Fluss, wo junge Männer in Booten warten und die Waren schnell abtransportieren. Ciudad del Este ist ein Zentrum des Schmuggels nach Brasilien und zurück. Die Zöllner können ob des Ansturms nur Stichproben machen, doch allein die beschlagnahmten Zigaretten stapeln sich meterhoch in den Grenzhäuschen.

Als sie die Schranke passieren, gibt Klaus Gas. Nichts wie weg hier. Ab nach Brasilien.

Der Geist aus der Flasche

Fünf Minuten später hatten sie bereits die brasilianische Migración passiert. Doch die Abfertigung am Zoll verzögert sich: Der fleißige Beamte muss alle Daten von Hand in ein ganzes Bündel von Formularen übertragen – in doppelter Ausfertigung. Mehr als eine Stunde lang ist er hoch konzentriert bei der Arbeit, die er nur unterbricht, um gelegentlich sein Bedauern über die lange Wartezeit zu äußern.

Brasilien ist ein willkommenes Kontrastprogramm zu den chaotischen Zuständen in Paraguay. Hier geht es sehr lebenslustig, aber zumindest im Straßenverkehr sehr geordnet zu. Genau diesen Eindruck vermittelt auch der Campingplatz von Foz do Iguaçú. Sauber, sicher, aber doch überzogen von einem Hauch von unverblümter Lockerheit. Sonja und Klaus interessiert in diesem Moment aber vor allem der Swimming-Pool, der in dem schwülwarmen Klima gar nicht kühl genug sein könnte.

Foz ist für zwei herausragende Sehenswürdigkeiten auf der ganzen Welt berühmt: die größten und grandiosesten Wasserfälle der Welt und das mächtigste Wasserkraftwerk, das Menschen je gebaut haben.

Jenes Kraftwerk „Usina Hidreléctrica da Itaipu Binacional" wurde von 1975 bis 1984 von Brasilien und Paraguay gemeinsam gebaut. Es staut den Río Paraná zum Lago Itaipu auf. Seine 18 Turbinen erzeugen gut ein Viertel des brasilianischen Strombedarfes und satte 95 Prozent der in Paraguay verbrauchten Energie. Aus den zum Bau verwendeten Mengen an Stahl und Beton hätten die Ingenieure auch 380 neue Eiffeltürme und 200 Maracanã-Stadien (die größte Fußball-Arena der Welt in Rio de Janeiro) errichten können.

Bild Seite 128/129:
„Tudo bem!" – „Alles prima!" sagt ein begeisterter Brasilianer und reckt den Daumen nach oben. „Tudo bem", das gilt aber auch für die sagenhaften Wasserfälle von Iguaçú.

Foz do Iguaçú ist für zwei Sehenswürdigkeiten weltberühmt: für die größten Wasserfälle und das größte Wasserkraftwerk der Erde.

Freilich bedeutet eine derart gewaltige Talsperre einen immensen Eingriff in die Umwelt. Naturschützer haben von Anfang an gegen das Mammutprojekt gekämpft. Von deren Argumenten ist hier natürlich nichts zu lesen. Dafür erfährt man, dass der Bau mit einem „großen Waldprojekt“ verbunden ist. Jeder Arbeiter, der mindestens 15 Jahre am Bau beschäftigt ist, pflanzt hierzu einen Baum. Im Frühjahr 2002 gleicht dieser „Wald“ eher einem kümmerlichen Vorgarten.

Doch das große Naturerlebnis hat man in Foz an anderer Stelle: Die monumentalen Wasserfälle von Iguaçú sind in den gleichnamigen Nationalpark eingebettet, der die weltweit einzigartige Tier- und Pflanzenwelt rund um die tosenden Wassermassen schützt. Das gilt sowohl für die brasilianische wie auch für die argentinische Hälfte.

Sonja und Klaus beginnen ihre Wanderung auf brasilianischer Seite. Schon vom ersten Aussichtspunkt aus können sie die ganze Gewalt der

Rund 270 Wasserfälle donnern in das gut drei Kilometer breite Becken von Iguaçú – ein atemberaubender Anblick.

insgesamt 270 Wasserfälle spüren, die sich in die fast 3000 Meter breite u-förmige Schlucht stürzen. Überall entlang des Weges tun sich neue, atemberaubende Blicke auf das ergreifende Naturschauspiel auf. In allen Farben schillern die Schmetterlinge, die links und rechts des Pfades aufsteigen, in allen Farben schillern aber auch die vielen Regenbogen, die sich überall aus den schäumenden Fluten erheben und sich weit über den Nationalpark strecken.

Die Stunden vergehen wie im Rausch, Grund genug, die Wasserfälle am nächsten Tag gleich noch einmal zu besuchen – diesmal auf argentinischer Seite. Wieder stehen sie wie benommen am „Teufelsrachen", dem Ende und Höhepunkt des Cañons, wo sie auf einem Steg inmitten der Fluten stehen, die hier 90 Meter tief in eine aufbrausende Gischt donnern. Es sollte nicht ihr letzter Besuch der „Cataratas" gewesen sein.

Nun geht die Reise weiter quer durchs Land. In Porto Alegre wollen sie Ademir besuchen, einen deutschstämmigen Brasilianer, den sie an Weihnachten auf Feuerland kennengelernt hatten. Doch anstatt immer tiefer in das erwartete Brasilien einzutauchen, werden die Eindrücke immer mitteleuropäischer: Dichter, satter Laubwald wechselt sich mit grü-

nen Hügeln ab. Unter tief hängenden Wolken erkennen sie Schilder, die zum „Wursthaus“, in die Gärtnerei „Blumenfreund“ oder auch in „Opas Kaffee Eck“ locken. Selbst die Ankündigung zum „Kartoffelfest“ fehlt nicht. Die vielen blonden Menschen, die ihnen auf der Strecke entgegenkommen, passen perfekt ins Bild.

Ademir empfängt sie herzlich und lädt sie gleich zum Mittagessen in ein deutsches Lokal ein. Der Gastwirt ist begeistert von den Weltenbummlern aus Bayern und verständigt gleich seinen Bruder, der im nahe gelegenen São Vendelino lebt und die beiden unbedingt kennenlernen will.

Gut gelaunt machen sich Sonja und Klaus auf den Weg und finden sich gleich im Rathaus von São Vendelino wieder: Der Bruder des Wirtes ist der Bürgermeister des Ortes. Er erzählt ihnen davon, wie die Bewohner der deutschen Kolonie die alten Traditionen, vor allem aber die Sprache aufrechterhalten. Zum Abschied erhalten sie T-Shirts und Baseball-Mützen mit den Stadtwappen.

Auf dem Rückweg nach Porto Alegre überkommt sie eine große Lust auf Kaffee und Kuchen. Natürlich ist die Besitzerin des nächstgelegenen Cafés eine Deutsche. Ihr Kaffee duftet verführerisch. Und ihr Marmorkuchen ist ein Gedicht.

Zurück in Porto Alegre spüren Sonja und Klaus das wachsende Interesse der südamerikanischen Medien an ihrer Reise. Zwei Reporterinnen des Internet-Portals „www.inema.com.br“ kommen auf den Campingplatz und wollen alles über die Fahrt, vor allem aber über den Unimog wissen. Wenig später geben sie auch noch ein Interview für den großen brasilianischen Fernseh-Sender „Globo TV“. Dadurch werden sie zu so etwas wie „Prominente der Straße“. Wo immer sie in ihrem Auto auftauchen, lachen ihnen die Menschen entgegen und recken den Daumen nach oben: „Tudo bem!“ sagt ein Brasilianer mit dieser Geste: „Alles prima!“

Nach einem kurzen Badeurlaub an der Küste tauchen Sonja und Klaus ein in die wahrscheinlich deutscheste Stadt in ganz Südamerika, die sich Blumenau nennt. Fachwerkhäuser und deutsche Straßennamen überall. Im Zentrum der Stadt liegt das „Oktoberfestgelände“, auf dem tatsächlich jedes Jahr im Herbst das zweitgrößte Bierfest der Welt stattfindet. Diese Tradition entstand im Jahr 1984, als die Stadt von einem verheerenden Hochwasser heimgesucht wurde, dem zweiten innerhalb eines Jahres. Um an Geld für den Wiederaufbau zu gelangen, kamen kreative Köpfe auf die Idee, jährlich ein Oktoberfest zu veranstalten. Die Idee hatte Erfolg, mittlerweile kommen die Menschen aus der ganzen Welt nach Blumenau, um bei Blasmusik und Starkbier zu feiern.

Da tun auch Sonja und Klaus, allerdings Monate vor dem großen Fest. Ein Tanzfestival steht auf dem Programm, das sie sich nicht entgehen lassen wollen. Überall in der Stadt lassen die Tänzer die Traditionen ihrer Heimatländer lebendig werden, Italiener und Ukrainer ebenso wie Brasilianer aus allen Teilen des Landes. Auf dem Festival erhalten Sonja und Klaus gleich die nächste Einladung – zum Schützenfest. Überall im Schützen- und Kegelheim wird geballert und gekegelt, was das Zeug hält. Dann holen die Teilnehmer den Schützenkönig ab: Zu rhythmischer Marschmusik stapft eine Gruppe von gut 100 Leuten zum Haus des „Königs“, wo blumige Reden geschwungen werden. Es gibt Kuchen, Bier und belegte Brote, ehe der ganze Tross zur Siegerehrung ins Vereinsheim zurückkehrt.

Blumenau wurde 1850 von 17 deutschen Auswanderern gegründet und ist bis heute die wahrscheinlich germanischste Stadt Südamerikas.

Dann folgt der Höhepunkt des Abends: Bei Blasmusik und Tanz kommen die Schützen erst so richtig in ihr Element. Und mittendrin schwingen Sonja und Klaus einen Walzer, hüpfen zur Polka die Tanzfläche auf und ab und kehren erst im Morgengrauen zu ihrem Campingplatz zurück.

Im 30 Kilometer entfernten Pomerode haben sie dann endgültig das Gefühl, irgendwo in Deutschland durch eine Kleinstadt zu fahren: Mitten im Ort steht ein Maibaum, die Fachwerk-Häuser rund um den Platz könnten auch irgendwo in Franken oder in der Pfalz stehen.

Das war dann erst einmal genug Deutschland für zwei, die aufgebrochen sind, die Welt außerhalb Europas kennenzulernen. Und je näher sie der Küste kommen, desto exotischer wird die Atmosphäre. Zwar bleibt die Landschaft grün und satt, doch die Menschen zeigen eindeutig südamerikanische Züge.

Ihre nächste Station heißt Parati und hält einige Überraschungen für sie bereit. Das gilt zunächst für die Stadt selbst. Die Altstadt bietet ein herrliches Gassengewirr, das von typisch portugiesischen Kolonialbauten umsäumt wird. Das gesamte Viertel steht unter Denkmalschutz und darf von Autos nicht befahren werden.

Auf dem Campingplatz treffen Sonja und Klaus auf ein Grüppchen Motorradfahrer, die sie zwei Monate vorher in San Pedro de Atacama kennengelernt hatten. Kaum haben sie sich verabschiedet, kommen schon Sonja und Martin ums Eck gebogen. Mit ihnen hatten sie die Feiertage auf Feuerland verbracht.

Doch Parati hatte sein Feuer der unerwarteten Ereignisse noch längst nicht verschossen. Im Internet-Café öffnet Sonja mehrere Mails, in denen die Verfasser den Fund einer Flaschenpost melden. Flaschenpost? Moment, da war doch was: Bei der Überfahrt von Deutschland nach Buenos Aires, vor sieben Monaten, hatte Sonja eine Flasche mit einem

Ob bei Tag oder Nacht – der Blick auf Rio de Janeiro und den Zuckerhut ist immer ein unvergessliches Erlebnis.

Brief ins Meer geworfen. Sie kann es nicht fassen: Ein Fischer aus Conçeicão da Barra hat die Botschaft gefunden und alle seine Bekannten, die je an einem Computer gesessen haben, gebeten, eine Botschaft an die angegebene E-Mail-Adresse zu senden. Sofort antwortet Sonja und kündigt ihr baldiges Erscheinen an.

Zuvor aber machen sie einen Abstecher nach Rio de Janeiro. Es ist die Zeit der Fußball-Weltmeisterschaft und ganz Brasilien freut sich auf ein Finale gegen Deutschland. In einer Kneipe in Rio sehen Sonja und Klaus beide Halbfinals, die das erträumte Endspiel perfekt machen.

In einer deutschen Schule finden sich Hunderte von Fans ein, um die Partie auf einer Großleinwand zu verfolgen. Überall hängen deutsche Fahnen, die meisten Besucher haben sich schwarz-rot-golden geschmückt. Als Ronaldo die beiden Treffer für Brasilien erzielt, sackt die Stimmung ab. Der kleine Junge neben Sonja rollt traurig seine Fahne ein. Ein Fotoreporter erwischt ihn dabei und macht ihn am nächsten Tag zum Titelhelden einer lokalen Zeitung.

Ganz anders die Stimmung bei den Brasilianern: Sie feiern die Nacht durch und machen die Copacabana zu einer kilometerlangen Partymeile. Und Sonja und Klaus feiern mit.

Dann aber wird die Reise hochoffiziell: Sie fahren nach Conçeicão de Barra, wo ihre Flaschenpost für so viel Wirbel gesorgt hat. Auch die Polizei war alarmiert. Da die Nachricht nur in Spanisch, Englisch und Deutsch, nicht aber in Portugiesisch verfasst war, wusste niemand im Dorf, was hier geschrieben stand – man vermutete einen Hilferuf von Schiffsbrüchigen. Erst eine Frau, die des Englischen mächtig war, konnte den Beamten die Botschaft übersetzen und den Fall klären. Für den interessiert sich mittlerweile auch das brasilianische Fernsehen. Sonja und Klaus geben ein Interview nach dem anderen, ehe sie endlich den Fischer Paolo und seine Frau treffen. Beide sind sehr gerührt und können kaum glauben, die Verfasser der Flaschenpost leibhaftig vor sich zu sehen. Mit Händen und Füßen führen die zwei so verschiedenen Paare eine angeregte Unterhaltung und umarmen sich zum Abschied herzlich.

Die Flaschenpost selbst ist im Rathaus sicher verwahrt. Noch einmal dürfen Sonja und Klaus einen letzten Blick darauf werfen: Der Korken hielt perfekt dicht, der Brief ist ebenso wie die beigefügte Visitenkarte unversehrt. Schließlich gesellt sich noch der Bürgermeister des Ortes dazu, schüttelt beiden kräftig die Hände und lädt die ganze Gesellschaft zum Mittagessen ein. Zum Abschied überreicht er ihnen eine Kopie des Polizeiprotokolls, das den Flaschenfund minuziös dokumentiert.

Noch immer leicht amüsiert kehren Sonja und Klaus einige Tage später nach Argentinien zurück. Ihr erster Weg führt sie auf die Flyranch. Seit ihrem letzten Besuch dort hatten sie keine einzige Gelegenheit, das Trike auszuprobieren. Deshalb nutzen sie den Aufenthalt für zahlreiche Flüge hoch über der Pampa.

Dann führt sie ihr Weg wieder dorthin, wo die ganze Reise ihren Anfang genommen hatte, nach Buenos Aires. Seit ihrer Ankunft in Südamerika ist erst gut ein Jahr vergangen, doch die Stadt erkennen sie nicht wieder. Durch die Wirtschaftskrise ist das Volk in Aufruhr. Zuletzt hatte die Regierung die Sparkonten der Bürger gesperrt, was tägliche Demonstrationen und Märsche gegen den Regierungspalast „Casa Rosada" zur Folge hat. Hundertschaften der Polizei riegeln den Palast ab, der nun für Touristen nicht mehr zugänglich ist. Auch die Banken sind verbarrikadiert. Die Preise für Lebensmittel und andere Güter sind bis auf das Doppelte gestiegen.

Mit weichen Knien verlassen Sonja und Klaus die Hauptstadt und kehren auf die Flyranch zurück. Hier findet am Wochenende eine Drachenflieger-Meisterschaft statt, die sie unbedingt verfolgen wollen.

Auf der Flyranch übt sich Sonja im Umgang mit dem Trike.

Die anhaltende Rezession in Argentinien treibt die empörten Bürger auf die Straßen von Buenos Aires.

Danach steht ein weiteres Wiedersehen auf dem Plan: Klaus lenkt den Unimog auf die Halbinsel Valdés, wo sie vor zwölf Monaten die wunderbare Bekanntschaft mit Walen, Pinguinen und Seelöwen gemacht hatten. Auch diesmal ist eine Walmutter mit ihrem Jungen in der Bucht und begeistert Sonja und Klaus mit ihren wuchtigen Sprüngen. Die Pinguine haben ebenfalls nichts von ihrer Eigentümlichkeit verloren. Wie vor einem Jahr zeigen sie das drolligste Sozialverhalten, das man einem Zweibeiner nur zutrauen kann.

Klaus durchfährt Patagonien nun in Richtung Westen. Sie wollen noch einmal die Carretera Austral entlangfahren, die sie damals – trotz so vieler Regenstunden – mit ihrer herrlichen Natur so beeindruckt hat. Der Weg dorthin führt sie durch die Tristesse der Ruta 3. Erst als sie der chilenischen Grenze näher kommen, heitern Rinderherden und fleißige Landwirte das Bild links und rechts der Straße auf.

Für diese Ziege mit immerhin 14 Kilogramm will die Verkäuferin weniger als zehn Euro. Sonja und Klaus kaufen lieber ein paar Oliven.

Sie überqueren die Grenze direkt am Lago Buenos Aires, wo sie eine ruhige und sehr angenehme Nacht verbringen. Bei ihrer fünften Einreise nach Chile sind sie mit den Vorschriften bestens vertraut und haben bereits am Vorabend alle Vorräte an Obst und Gemüse aufgebraucht. Nur eine halbe Knolle Knoblauch und ein Rest Käse geht an den Zöllner über.

Für die rund 120 Kilometer lange Fahrt entlang des Lago General Carrera nehmen sie sich alle Zeit der Welt. Einen ganzen Nachmittag lang genießen sie die sagenhaften Ausblicke in den smaragdgrünen See, in dem sich die schneebedeckten Berge spiegeln. Die zum Träumen anregende Landschaft macht die schreckliche Wellblech-Piste fast vergessen. Doch nach gut fünf Stunden ist die Carretera erreicht und das Dauerschunkeln hat ein Ende. Nicht jedoch die wunderschöne, unberührte Natur. Am Lago Bertrand schlagen sie ihr Nachtlager auf. Beim Einkaufen in einem kleinen Geschäft erfahren sie von einer alten Frau, dass es zuvor tagelang geregnet hat, der See sei bereits weit über seine Ufer getreten. Erst seit gestern sei die Sonne wieder zu sehen.

Darüber freuen sich vor allem zwei österreichische Radfahrer, auf die Sonja und Klaus mehrmals treffen. Ihnen hatte der Regen die Piste derart aufgeweicht, dass sie bei Steigungen die Räder gemeinsam hochschieben mussten. Sonja und Klaus sind glücklich, dass ihnen dieses Wetter erspart bleibt. Umso mehr genießen sie ihren Aufenthalt entlang der Carretera Austral bei frühlingshaften Temperaturen: Riesige Lupinenfelder leuchten in Gelb und Violett, am Wegrand blüht der rote Fingerhut, dazwischen schimmert ein See in zartem Blaugrün – einfach alles zeigt sich dieses Mal von seiner besten Seite.

Doch es sollte noch besser kommen. Bei ihrem ersten Besuch war der „Ventisquero Colgante“, der „Hängende Gletscher“, noch in dichten Nebel gehüllt. Diesmal empfängt er Sonja und Klaus mit seiner ganzen Einzigartigkeit. In eisigem Blau leuchtet er ihnen vom Berg entgegen. Sofort ist beiden klar: Hier werden sie die nahende Silvesternacht verbringen. Vom Campingplatz aus haben sie den ganzen Tag über freien Blick auf den Gletscher, während sie im Sonnenschein ihren Mate-Tee genießen.

Es sollte der erste regenfreie Jahreswechsel ihrer bisherigen Reise werden. In Goa fing es nachts zu regnen an, in Feuerland mussten sie sich mit den anderen Reisenden unter eine Plane flüchten. Doch ausgerechnet hier, mitten im kalten Regenwald, bleibt es lau und trocken.

Mit jedem Tag spüren die beiden mehr und mehr, wie wohl sie sich in Chile fühlen. Die Natur ist traumhaft, die Ortschaften gepflegt, die Menschen sind ebenso frei und locker wie ehrlich und verlässlich. Nur als sie sich an den Straßenständen an der Panamericana mit Lebensmitteln versorgen wollen, endet ihr Vertrauen. Eine Frau verhökert eine geschlachtete Ziege für 7000 Pesos (knapp zehn Euro), ihr Nachbar hat getrocknetes Eselfleisch im Angebot. Sonja und Klaus entscheiden sich für eine schöne Portion Feigen und Oliven an einem dritten Stand, dazu Brot, Gebäck und Käse.

Mit sehnsüchtigen Erinnerungen im Gepäck besuchen sie ein zweites Mal die Insel Chiloé. Es ist Markt in Dalcahue, auf dem einst die Bewohner der vorgelagerten Inseln ihre Waren verkauften. Heute allerdings werden überall die gleichen Strickpullover und Holzschnitzereien angeboten. Auch für kunstvoll geflochtene Körbe ist Chiloé berühmt. Sonja kauft sich ein besonders schönes Exemplar und lauscht interessiert den Ausführungen des Händlers, der ihr versichert, mit diesem Korb könne sie sowohl Kartoffeln wie auch Muscheln transportieren. Ein echter Allrounder.

Zurück auf dem Festland ist erneut das Seengebiet ihr Ziel. Am Lago Calafquén wollen sie sich für ein paar Wochen niederlassen. Leider ist gerade Ferienzeit und der sonst so idyllische Landstrich gleicht eher dem Ballermann zur Hauptsaison.

So fahren sie weiter auf der Panamericana Richtung Norden und tauchen wieder in die Atacama-Wüste ein. Noch heute werden hier Bodenschätze der verschiedensten Arten „geerntet". Bis Mitte des 19. Jahrhunderts blühte der Salpeter-Abbau. Als dann aber das künstlich erzeugte Nitrat erfunden wurde und niemand mehr Salpeter für die Herstellung von Schießpulver brauchte, brach die gesamte Industrie zusammen. An die einstige Blütezeit erinnern nur noch verfallene Stollen und die Friedhöfe der Minenarbeiter mitten in der Wüste.

Eine seltsame Felsenformation taucht am Horizont auf. Wie zum Himmel gereckte Finger wirkt das steinige Ensemble. Und tatsächlich: Per Zufall treffen sie auf die „Mano del Desierto", die Wüstenhand. Wer diese Skulptur – und vor allem warum – an einem der unwirtlichsten Orte dieser Welt errichtet hat, bleibt den beiden ein Rätsel. Auch, warum offensichtlich hirnlose Reisende dieses sagenhafte Monument mit Spraydosen verschmiert haben und die Rückseite als öffentliche Toilette missbrauchen. Die „Mano" jedenfalls beeindruckt Sonja und Klaus derart, dass sie die Hand künftig zu einer Art Symbol ihrer Reise küren.

Und die Reihe der symbolträchtigen Sehenswürdigkeiten reißt nicht ab. Diesmal aber war Mutter Natur die Bildhauerin: An der Küste vor

Nur verfallene Stollen und einsame Friedhöfe wie dieser zeugen heute noch von der einstigen Blütezeit des Salpeter-Abbaus in der Atacama.

Antofagasta hat der Pazifik einen Felsen ausgehöhlt und dadurch „La Portada" geschaffen, „Das Portal". Der steinerne Bogen lockt jedes Jahr Tausende Touristen an die Küste. Auch Sonja und Klaus sind von diesem Anblick bewegt und entscheiden spontan, ein paar Tage hier zu bleiben. Zumal zwei Freunde, Marianne und Anatol, sich zu ihnen gesellen.

Nach der langen Zeit in Chile und Argentinien stehen nun neue Abenteuer an. Bolivien wird ihnen eine völlig neue Kultur offenbaren. Doch zu dieser Jahreszeit ist die Fahrt durch das andine Hochland zu risikoreich. Also steuern sie das Tiefland an und nehmen erneut den Weg über Argentinien.

Bild Seite 144/145:
In vielen Jahrtausenden hat der Pazifik den Felsen ganz rechts in „La Portada" („Das Portal") verwandelt.

Der Stein der Wildkatze

Wieder geht es über die Anden, doch diesmal in nicht ganz so luftigen Höhen. „Nur“ 3500 Meter zeigt der Höhenmesser an, als der Unimog kurz nach dem Salzsee „Salinas Grandes“ seinen tiefsten Punkt dieser Überquerung der Kordilleren erreicht. Dann geht es wieder nach oben.

50 Kilometer weiter sind sie in 4200 Metern Höhe angekommen, ehe sich die Straße wie eine apokalyptische Schlange den Berg hinunterwindet. An ihrem Fuße, auf 1500 Metern, tauchen sie in grüne Wälder ein. Die Luftfeuchtigkeit klebt sie an ihren Sitzen fest. Auch das lauwarme Wasser des Swimming-Pools auf dem Campingplatz von San Salvador de Jujuy bringt keine Erfrischung.

Doch ist dieser Platz nur eine kurze Rast auf der Weiterfahrt nach Humahuaca, eine 4000-Seelen-Stadt, die vor allem für ihren ausschweifend gefeierten Karneval berühmt ist. Der Weg dorthin führt durch die sagenhafte „Quebrada Humahuaca“. Die Felsen der Schlucht leuchten abwechselnd in Rot und Grün, in Schwarz, Violett und Braun. Auf 130 Kilometern nimmt dieses Farbenspiel die Blicke von Sonja und Klaus gefangen, ehe sie am Ende der Quebrada ihr Ziel erreichen.

Die Luft ist dünn, hier auf 2940 Metern Höhe, doch der traumhafte Blick über die Landschaft rund um die Andenstadt versöhnt jeden Atemlosen. Dann beginnt der Karneval und mit ihm die Zeit des Teufels. Seit einem Jahr schlafen viele kleine Teufel unter Steinhaufen versteckt. Nun gräbt jede Karnevalsgruppe ihren Satan wieder aus und übergibt ihm das Regiment.

Acht Tage und neun Nächte, bis zum Sonntag nach Aschermittwoch, dauern die „Närrischen Tage“ von Humahuaca. Acht Tage und neun Nächte singen und tanzen die Menschen, ziehen von Haus zu Haus, wo sie mit Chicha (ein selbst gebrautes Maisbier) und Wein beschenkt werden. Zur Krönung besprühen sie sich gegenseitig mit Talk oder Schaum aus der Dose. Auffallend sind die dicken Backen aller erwachsenen Män-

Die Fahrt durch Bolivien beginnt, wie die Fahrt durch Argentinien geendet hat: mit einer versperrten Straße.

ner: Coca-Blätter halten die Karnevalisten fit. Ein kleiner Vorgeschmack auf Bolivien und Peru, wo das Coca-Kauen zum Alltag gehört.

In General Mosconi, kurz vor der bolivianischen Grenze, wollen Sonja und Klaus die letzte Nacht in Argentinien verbringen. Doch so weit kommen sie nicht. Bei einer Polizeikontrolle erfahren sie, dass die Straße dorthin von demonstrierenden Lkw-Fahrern versperrt sein soll. Doch die zahlreichen entgegenkommenden Fahrzeuge nähren die Hoffnung, die Blockade sei bereits aufgehoben. Eine trügerische Hoffnung.

Wenige Kilometer weiter ist die Piste dicht. Busse stehen kreuz und quer über die Fahrbahn, die Fahrgäste sitzen irgendwo unter Bäumen im Schatten. Klaus dringt bis zur Sperre durch und erfährt, dass die Angestellten einer Tankstelle die Straße blockieren. Sie haben seit Monaten keinen Lohn mehr erhalten und wollen so ihr Geld erzwingen. Klaus bittet die Rädelsführer, eine Ausnahme zu machen. Doch keine Chance.

Immerhin erklärt ihm einer der Demonstranten, wie er zehn Kilometer zurück auf eine Ausweichpiste komme, die sie zur Grenze bei Yacuiba bringe. Klaus dreht um und findet tatsächlich die Abzweigung zu einem Schotterweg. Im aufwirbelnden Staub können sie unmöglich ein Fenster öffnen. Die Temperatur im Führerhaus des Unimogs steigt auf mehr als 40 Grad, die Luftfeuchtigkeit beträgt 90 Prozent. Doch die Grenze kommt näher und näher.

Wie schon vor knapp einem Jahr herrscht am Übergang ein hoffnungsloses Durcheinander. Frauen schleppen unmenschliche Lasten, Männer hupen sich den Weg frei, Kinder schreien. Zum Glück ist der Unimog in wenigen Minuten abgefertigt und die Fahrt geht weiter.

An der ersten Mautstation lässt sich Sonja das System erklären. Vor einem Jahr mussten sie an der einen Station bezahlen, an der nächsten gab es nur ein paar Stempel und an der übernächsten gab es Stempel, aber nur gegen Geld. Und ihr Verdacht bestätigt sich: Tatsächlich wollten sich damals einige Beamte ein illegales „Trinkgeld" ergaunern.

Bolivianische Busse sind liebevoll dekoriert – wie hier in Cochabamba

Die Schotterpiste bis Santa Cruz de la Sierra ist durch den Regen völlig aufgeweicht. Der Tacho klettert nur selten über 20 km/h. Erinnerungen an die quälenden Stunden im paraguayischen Chaco werden wach. Doch diesmal bleibt der Unimog in der Spur.

In Santa Cruz decken sich Sonja und Klaus mit allem ein, was sie für ihre Fahrt durch Bolivien brauchen, vor allem frische Lebensmittel aus dem reichhaltigen Anbau der Umgebung. Nach nur einer Nacht brechen sie auf zu ihrem ersten Etappenziel, nach Cochabamba.

Die Straße dorthin ist gesäumt von Spruchbändern und Transparenten. Offenbar wird auch in Bolivien demonstriert. Ein Einheimischer, dessen Töchter in Deutschland leben, erklärt Sonja, dass die Coca-Bauern um ihre Existenz bangen. Bisher war der Anbau der Pflanze legal, doch damit könnte es schon am kommenden Wochenende vorbei sein. Die Bauern sind fest entschlossen: Sollte der Coca-Anbau verboten werden, blockieren sie die Straßen der ganzen Region. Klaus wird mulmig.

Denn schon wenige Kilometer weiter ist die Piste völlig dicht. Die Reihe der stehenden Lkw und Busse reicht bis hinter die nächste Biegung. Der Regen hat die Straße in einen einzigen Morast verwandelt. Die Räder der Lastwagen drehen durch, es geht weder vor noch zurück.

In Schlangenlinien folgt Klaus einigen kleineren Transportern, die sich geschickt durch die stehenden Laster mogeln. Er staunt über die offenbar grenzenlose Geduld dieser Menschen. Wo der Verkehr stockt, hält man ein kleines Schwätzchen, dann geht es frohen Mutes weiter. Zwei Europäer in einem Unimog sind da natürlich ein willkommener Gesprächspartner.

Doch nach zwei Stunden ist die Rutsch- und Plauderpartie vorbei, robuster Asphalt trägt sie nun sicher nach Cochabamba. Die Stadt bietet sicher keine touristischen Höhepunkte, doch Sonja und Klaus fühlen sich vom ersten Augenblick an wohl. Die Plaza in der Stadtmitte ist von sehr fleißigen Gärtnern angelegt, die Menschen sind überaus herzlich und das Warenangebot auf den Märkten lässt jeden Besucher schwärmen. Einige Marktfrauen betreiben kräftig dampfende Garküchen. Noch ehe sich

Sonja und Klaus das Angebot besehen, reden schon drei oder vier Frauen energisch auf sie ein und wollen sie an ihre jeweiligen Tische ziehen. Kaum auf der Bank niedergelassen, duftet schon der erste Gang unter ihren Nasen, eine Suppe mit Kartoffeln und Quinoa-Getreide. Darauf folgt der übliche „Segundo", der zweite Gang, meist in Form von Fleisch, Fisch oder als Eintopf mit Gemüse und Reis. Die köstliche und reichhaltige Mahlzeit kostet weniger als einen Euro. Für die nächsten Tage bleibt die Küche des Unimogs kalt.

Die unbeschwerte Zeit in Cochabamba ist so etwas wie das große Luftholen vor dem nächsten Ziel: La Paz ist nicht nur Regierungssitz, Universitätsstadt und wirtschaftliches Zentrum des ärmsten Landes in Südamerika. La Paz ist ein Moloch, eine unüberschaubare Ansiedlung von Menschen aller Schichten, ein Krebsgeschwür aus Ziegel und Beton, das sich bis auf die steilen Hänge der umliegenden Felsen ausgebreitet hat. Über 1000 Höhenmeter erstreckt sich das nie endende Gewühl von Menschen und Fahrzeugen, ehe es auf 4100 Metern Höhe mit dem Armenviertel „El Alto" seinen Gipfel findet.

Unaufhaltsam breitet sich La Paz über die umliegenden Hügel aus und reicht von 3100 bis 4100 Meter Höhe.

Doch vor allem anderen interessieren sich Sonja und Klaus bei ihrer Ankunft nach zwei Tagen Fahrt im Altiplano für den Mann, von dem sie schon so viel gehört hatten: Ernesto Hug, Mechaniker mit schweizer Wurzeln, gilt als einer der versiertesten Auto-Experten in ganz Südamerika. Es heißt, es gebe kein Problem, das er und sein Team nicht lösen könnten. Hoffentlich trifft das auch auf die defekte rechte Hinterbremse des Unimogs zu.

Ernesto enttäuscht sie nicht. Zwar kann er ihnen keine Ersatzteile anbieten, doch wo echte Koryphäen am Werk sind, braucht es das auch nicht. Ein grauhaariger Mechaniker fertigt mit viel Hingabe neue Bremsbeläge an, die wie angegossen passen. Klaus ist begeistert. Den fälligen Kundendienst erledigt er selbst, dann stellt er den Unimog auf dem Betriebsgelände der Werkstatt sicher unter.

Obwohl La Paz auf die meisten Besucher zunächst erschreckend abweisend wirkt, sind hier doch noch viele Traditionen der alten Indianervölker lebendig. Und kaum unterwegs, geraten Sonja und Klaus mitten in eine dieser Traditionen. Ein großartiger Umzug bahnt sich den Weg durch die Straßen. Folklore-Gruppen in farbenprächtigen Trachten werden von leidenschaftlich spielenden Musikern begleitet und machen die Stadt mit ihrer Lebensfreude bunt und menschlich.

Dann tauchen sie ein in die magische Welt von La Paz, nein in all die vielen Welten, die diese Stadt vereint. Im Bankenviertel wähnt man sich nicht weit von der Wall Street, während die detailgeschwängerten Bauten entlang der Calle Jaén, vor allem die üppig verzierte Kirche San Francisco, ihren Betrachter in die Zeit der Kolonialherren zurücktragen. Das Zentrum der Stadt aber markiert die Plaza Murillo, umgeben von der wuchtigen Kathedrale, dem Regierungsgebäude und dem prunkvollen Palast des Präsidenten. Dessen bunt gekleidete Ehrenwache defiliert auf und ab und verleiht der Szene etwas an ungewollter Heiterkeit.

Das faszinierendste an La Paz sind jedoch die vielen Märkte, reicher bestückt als jeder andere im ganzen Andengebiet und voller teils bizarrer Überraschungen.

Die Stände entlang der Fußgängerzone bieten nichts als Plastikramsch und Haushaltswaren. Wer einen Hauch von Südamerika spüren will, muss tiefer eintauchen in diese unfassbare Stadt. Fliegende Händler mit allerlei Kunsthandwerk, Bekleidung aus Alpaka-Wolle und anderen nützlichen Dingen säumen die „Paseo El Prado", einen markanten Boulevard. Eigentlich trägt die Straße den Namen „Avenida Mariscal Santa Cruz", ehe sie in die „Avenida 16 de Julio" übergeht. Doch die Bewohner von La Paz gaben ihrer Magistrale den Spitznamen, unter dem sie jeder Tourist sucht. An der Ecke zur Calle Colombia steht die Skulptur des Freiheitskämpfers Simón Bolívar, der dem Land und seiner Währung (Bolivianos) ihre Namen gab. Hoch zu Ross steht er da, umgeben von Hochhäusern, eingehüllt im Smog des Berufsverkehrs.

An der Plaza Velasco dagegen finden Leseratten ihr Domizil. Stand an Stand reihen sich Bücherhändler auf und bieten vom Schundroman bis hin zu den Höhepunkten der Weltliteratur Gedrucktes für jeden Geschmack.

Am anderen Ende der Fußgängerzone ziehen sich die Calle Santa Cruz und die Calle Max Paredes hinauf und mit ihnen die von blauen Plastikfolien bedeckten Stände der Obst- und Gemüsehändler. Alle Früchte des Landes, von der Kartoffel bis zur Papaya findet man hier in unend-

Die Tische der Marktfrauen von La Paz stecken voller Überraschungen.

lichen Variationen. Doch auch Bekleidung und Schmuck, Musikinstrumente und virtuose Handwerkskunst werden lautstark angepriesen. Dazwischen rennen Kinder, bellen Hunde, quälen sich Busse durch die enge Fahrspur. Dort, wo die Calle Graneros kreuzt, wird das Angebot der Händler etwas fragwürdiger. Hier hat der „Mercado Negro“ seinen Platz, der Schwarzmarkt. Hehler und Drogenverkäufer halten diesen Ort seit vielen Jahren. Die Polizei duldet ihn offenbar.

Höhepunkt des Markt-Bummels ist aber die Calle León de la Barra mit ihrem „Mercado Brujería“, dem Hexenmarkt. Knorrige alte Weiblein sitzen hinter den Tischen mit allerlei Kräutern, Wurzeln und Pülverchen. Sie haben gegen jedes Wehwehchen ein Mittel parat, serviert mit einem Redeschwall von guten Ratschlägen.

Ein Relikt aus mystischeren Zeiten sind die getrockneten Lama-Föten, die es allenthalben zu kaufen gibt. Die bizarren Ungeborenen sollen vor Unheil schützen und werden beim Hausbau mit eingemauert.

Außerhalb von La Paz liegt das „Valle de la Luna“, das dritte „Tal des Mondes“ nach jenen in Chile und Argentinien, das Sonja und Klaus besichtigen. Da der Verkehr durch die Stadt Nerven kostet und die Busverbindungen von der Innenstadt aus sehr gut sind, unternehmen sie die Fahrt dorthin in einem „colectivo“. Doch selbst an einer gut beschilderten Haltestelle hat man nicht immer das Glück, seine Linie zu erwischen. Die Fahrer tuckern im Schrittempo an den Wartenden vorbei, während ihnen zumeist ein kleiner Junge aus der Vordertür die Haltepunkte entgegenbrüllt. Wer zu spät winkt, hat verloren.

Doch auch wer es in den richtigen Minibus schafft, hat noch lange keine reelle Chance auf einen Sitzplatz. So lange, bis sich fast die Wände nach außen wölben, wird so ein Gefährt mit Menschen vollgestopft, aber auch mit Ziegen, Hühnern und wer die Leute sonst noch so alles ins Umland begleitet. Die Frauen nehmen ihre traditionellen Rundhüte nicht einmal dann vom Kopf, wenn sie qualvoll gebeugt im Bus stehen müssen.

Mit dem Unimog auf 5200 Meter Höhe: Vom Cerro Chacaltaya haben Sonja und Klaus eine atemberaubende Aussicht.

Geduldig ertragen sie ihre Situation, bis sie dem Fahrer rufen, er möge anhalten, ihr Ziel sei erreicht.

Ein maskierter Tänzer im bolivianischen Hochland.

Auf der Fahrt sehen Sonja und Klaus die ganzen Ausmaße von La Paz bei Tageslicht. Die Armenviertel befinden sich ganz oben, gleich bei den Überhängen der Felsen, wo in mehr als 4000 Metern Höhe ein eisiger Wind pfeift. Wer es sich leisten kann, lebt im Schutz der roten Felswände, welche die Stadt in alle Richtungen einkesseln. Auf ihrer Fahrt durchqueren Sonja und Klaus auch die Viertel in den unteren Regionen, wo uniformierte Wachleute vor überdimensionierten Villen stehen. Das ist die andere Seite einer Stadt, die bei allem Überfluss doch auch so viel Elend birgt.

Das Tal selbst ist wenig spektakulär. Zu Fuß ist es in zwei Stunden durchquert. Die Felsformationen sind zum Teil durchaus sehenswert, doch wäre das alles, was der Mond zu bieten hätte, kein Astronaut hätte ihn jemals betreten.

Deshalb treten sie tags darauf die Fahrt in die entgegengesetzte Richtung an: Nach oben, auf den Cerro Chacaltaya, dessen Gipfel weit über der Stadt thront. Auf etwa 5300 Metern erreichen sie den Parkplatz vor der Hütte des bolivianischen Bergsteigerclubs. Vor ihnen tun sich Blicke auf, wie sie es selten zuvor erlebt hatten: Hinter ihnen der schneebedeckte Huayna Potosí, vor ihnen in weiter Ferne der Vulkan Sajama, der schon an der Grenze zu Chile liegt; rechts der türkisblaue Titicacasee und links unter ihnen La Paz in seiner ganzen Macht. Sie übernachten in einem der höher gelegenen Vororte, während sich die Stadt mit zunehmender Dunkelheit in ein schillerndes Lichtermeer von biblischen Ausmaßen verwandelt. Ein Anblick, den kein Mensch je vergessen könnte.

Copacabana am Titicacasee ist ein beliebter Wallfahrtsort und Ausgangspunkt für Fahrten auf die Inseln der Sonne und des Mondes.

Von La Paz aus sind es nur noch wenige Stunden Fahrt bis zum höchstgelegenen von Schiffen befahrenen Gewässer der Welt, dem Titicacasee. In 3810 Metern Höhe erstreckt er sich über mehr als 8500 Quadratkilometer und ist damit 13 Mal so groß wie der Bodensee. Mit 195 Kilometer Länge, 65 Kilometer Breite und einer Tiefe von bis zu 300 Metern ist er einerseits ein unerschöpfliches Wasser-Reservoir, aber auch ein gigantischer Wärmespeicher für die Menschen und die Natur der Hochebene.

Die Region um den See gilt als die Wiege der Kartoffel, jener Knolle, die in Südamerika mittlerweile in mehreren Tausend Variationen kultiviert und verzehrt wird. Auch Mais und Erbsen, Quinoa und andere Getreidearten werden in diesen Höhen kultiviert. Für die Nachkommen der Inka kein Problem. Dank ihres ausgeklügelten Systems des Terrassen-Anbaus können sie ihre Felder in so gut wie jeder Landschaft anlegen und ausreichend bewässern.

Rund zwei Drittel des Sees befinden sich auf peruanischem Staatsgebiet, der Rest gehört zu Bolivien. Bekanntester Ort und erste Anlaufstelle für Sonja und Klaus ist Copacabana. Wer glaubt, das kleine Wallfahrtsdorf hätte sich nach dem weltberühmten Strand von Rio de Janeiro benannt, der irrt gewaltig. Denn in Wahrheit liegt der Fall genau anders herum: Zu Ehren der Wunder wirkenden „Madonna Negra", der Schwarzen Madonna, die in der Kathedrale Copacabanas steht, errichteten gläubige Wallfahrer aus Rio einst eine Kapelle am Strand ihrer Heimatstadt. Die Kapelle trug den Namen Copacabana, der im Lauf der Zeiten zum Inbegriff des freien Strandlebens, von Samba und Lebensgefühl wurde.

In Copacabana am Titicacasee spürt man davon wenig. Im Zentrum dominiert die „Basílica Virgen de la Candelaria" (Maria Lichtmess) das Bild. Aus dem ganzen Land kommen die Menschen an den Wochenenden hier zusammen, um ihre Autos, Lastwagen und Busse weihen zu lassen. Doch hier endet auch schon das Vertrauen in die Muttergottes. Gleich nach dem Pfarrer betritt die Kräuterfrau die Szenerie. Mit ihrem Räucherofen umrundet sie die

Fleischbeschau in Copacabana.

Fahrzeuge und vertreibt so die bösen Geister. Als Höhepunkt wirft sie ein paar Knallfrösche vors Auto, ehe die Besitzer Bier oder Sekt über die Motorhaube spritzen und mit der ganzen Familie zum Picknick an den See ziehen, entlang der Hafengassen, die von Restaurants und Souvenirläden gesäumt sind.

Der Sage nach entstieg in grauer Vorzeit der Gott Con Ticci Wiracocha den Fluten des Titicacasees. Zunächst erschuf er die Sonne, dann formte er in dem sagenhaften Land Tiwanaku die Welt und den Menschen. Die Hochkultur von Tiwanaku endete im 13. Jahrhundert nach Christus. Seine Ruinen liegen am Rande des Sees verstreut, aber auch auf der „Isla de la Luna“ (Mondinsel) und der „Isla del Sol“ (Sonneninsel) vor der Küste Copacabanas. Die Sonneninsel war es auch, die dem See ihren Namen gab, genauer gesagt ein markanter Felsen, der die Form eines Pumas haben soll. „Titi Khar'ka“, den „Stein der Wildkatze“ nannten ihn die früheren Bewohner vom Volk der Aymara.

Markt macht müde: Diese Gewürzhändlerin aus Copacabana hat sich ein Schläfchen im Schatten verdient.

Sonja und Klaus nutzen die Bootsfahrt auf die Inseln, um die Anstrengungen der letzten Wochen und Monate abzuschütteln und neue Kräfte für die nächsten Abenteuer zu sammeln. Doch allein die Überfahrt durch die kräftigen Wellen hat es in sich. Die heitere Stimmung unter den rund 40 Passagieren legt sich spätestens, als die Lautesten unter ihnen blass um die Nase werden. Einige werfen sich die verschiedensten Tabletten gegen Soroche (Höhenkrankheit) oder Seekrankheit ein, andere hängen bereits über der Reling. Ein junges Paar verlässt abwechselnd die harte Sitzbank, um sich zu übergeben.

Die Isla del Sol macht ihrem Namen alle Ehre. Das windige Wetter, das die Schiffsfahrt begleitet hatte, findet ein Ende, die Sonne taucht die Insel in ein mediterranes Klima. Gebannt stehen Sonja und Klaus vor dem „Titi Khar'ka", doch eine Katze können sie in dem bizarren Felsen beim besten Willen nicht erkennen.

Auf der Isla de la Luna schließlich lassen sie die Ruinen Ruinen sein. Sie sitzen am Ufer und schauen den einheimischen Frauen bei ihrem geschäftigen Treiben zu.

Dann geht es noch einmal auf die Sonneninsel, diesmal an das südliche Ufer. Über eine noch von den Inkas angelegte, steile Steintreppe erreichen sie die „Quelle ewiger Jugend". Ob sie funktioniert, werden die Jahre zeigen...

Die Rückfahrt nach Copacabana endet mit der Rettung einer Möwe, die sich in einem Fischernetz verfangen hatte. Schnell sind zwei Touristen mit Messern zur Hand und schneiden das aufgeregte Tier aus den Maschen. Dankbar dreht der Vogel einige Runden über dem Boot, lässt ein Klößchen fallen und verschwindet am weißblauen Himmel.

Am nächsten Tag wollen Sonja und Klaus noch tiefer eintauchen in das Reich der Inka. Peru liegt nur acht Kilometer entfernt und birgt sagenhafte Geheimnisse, die sie in den nächsten sechs Wochen erkunden wollen. Aus dem Radio klingt eine Panflöte.

Die Welt der Anden hat die beiden deutschen Weltenbummler gefangen genommen.

Im Reich der Inka

Die Beamten an der Migración nach Peru stellen einen neuen Südamerika-Rekord auf: In nur zwei Minuten sind alle Fragen gestellt und alle Stempel verteilt. Dazu noch eine Erklärung unterschrieben, dass sie weder Haustiere noch Obst und Gemüse mit sich führen – das war's. Wenn nicht ein findiger Grenzpolizist der Meinung wäre, sein mühsamer Eintrag aller Daten des Unimogs – vom Motor über die Seilwinde bis hin zum Erste-Hilfe-Kasten – sei zehn Soles wert, immerhin etwa 2,70 Euro. Klaus fragt nach einer Quittung, während Sonja schon mal alle Papiere wegpackt. Der Polizist verzieht keine Mine, stattdessen klopft er mit der offenen Hand auf sein dickes Buch: Allein der Eintrag sei Quittung genug, verkündet er. Klaus kann sich ein Lächeln nicht verkneifen. Er stellt sich dumm, als hätte er den Mann nicht verstanden. „Listo?", fragt er, ob er jetzt fertig sei? Sonja bedankt sich und sagt dem Grenzer auf Wiedersehen. Der versucht erst gar nicht weiter, seine zehn Soles einzufordern. Stattdessen öffnet sich die Grenze und der Weg ist frei.

Sie fahren entlang der Südwest-Seite des Titicacasees weiter zur Hafenstadt Puno. Hier ist der beste Ausgangspunkt für einen Besuch beim Volk der „Uros", respektive deren Nachfahren. Sie leben auf schwimmenden Inseln, die sie aus dem Schilf in der Bucht von Puno selbst flechten. Der Grund für diesen eigentümlichen Lebensraum liegt viele Jahrhunderte zurück: Die Uros, die sich selbst Kot-suns („Seemenschen") nannten, waren immer wieder Angriffsziel der Inka-Armeen. Doch da die Inka keine Möglichkeit kannten, sich zu Wasser fortzubewegen, waren Inseln die ideale Rückzugsstätte. Weil die nächsten Inseln, Taquile und Amantani, aber viele Kilometer von der Küste entfernt liegen, begannen sie,

Bild Seite 160/161:
Die sagenhafte Inka-Stadt Machu Picchu: Erst im Jahr 1911 wurde sie entdeckt und hat ihre größten Geheimnisse bis heute bewahrt.

sich kurzerhand eigene Inseln zu bauen. Nicht nur die Menschen (heute vor allem Quechua-Mestizen), auch die Inseln selbst sind direkte Nachfahren ihrer „Urahnen". Denn ständig werden die defekten Stellen repariert, werden Inseln bei Bedarf vergrößert und neue Hütten darauf errichtet.

Besucher werden nur auf einige wenige Inseln geführt, die besonders gepflegt sind; aber auch übersät von Souvenir-Ständen und ähnlichen touristischen Auswüchsen. Dennoch wollen sich Sonja und Klaus dieses einmalige Erlebnis nicht entgehen lassen und steigen am Hafen von Puno in ein „colectivo", eine Art Sammeltaxi zu Wasser für alle, die keine geführte Tour mitmachen wollen.

Das Boot legt auf einer der unbewohnten Touristen-Inseln an. Doch die Frauen hinter den ausgelegten Andenken sind alles andere als aufdringlich. In Ruhe kann Klaus filmen und fotografieren, während Sonja eines der angebotenen Miniatur-Schilfboote kauft.

Das Volk der Uros lebt seit vielen Jahrhunderten auf selbst geflochtenen schwimmenden Inseln im Titicacasee vor der Stadt Puno.

Für einen Sol darf man diese fleißige Uro-Dame fotografieren.

Auf einer zweiten Insel spricht sie ein Einheimischer an, woher sie denn kämen. Die Antwort „Alemania" gefällt ihm: Auch die Solar-Anlage, die einige Hütten der Insel mit Strom versorgt, sei aus Deutschland. Durch diese Art der Energieversorgung komme es nicht mehr so oft zu Bränden, weil die elektrische Beleuchtung das Hantieren mit Kerzen überflüssig mache, erzählt er weiter. Er zeigt Sonja die gesamte Anlage, erklärt auch, wie die Insel im See verankert ist und erzählt von den Menschen, die hier leben. Er selbst wohne seit seiner Geburt vor 35 Jahren auf dieser Insel, seine Eltern gar seit 55 Jahren.

Auf der dritten Insel wird der Unterschied zwischen den touristischen und den bewohnten „Islas flotatas" deutlich: Immer wieder sinkt vor allem Klaus bis zum Knie in das Schilf ein, der Boden schwankt bedenklich. Mit dieser Insel verknüpft sind vier Wellblech-Hütten auf eigenen Pontons: die Klassenzimmer für rund 40 Schüler, die hier unterrichtet werden.

Auf der Rückfahrt nach Puno sind Sonja und Klaus glücklich, die Uros trotz aller negativer Bedenken besucht zu haben. Die Menschen waren sehr offen und zugänglich, und die Eindrücke, die sie heute gesammelt haben, werden ihnen noch lange im Gedächtnis bleiben.

Das gilt auch für die bizarren „Chullpas" (Grabtürme) nahe dem Dorf Sillustani. Sowohl die Inka wie auch die Angehörigen der Colla-Kultur mauerten hier ihre Verstorbenen ein, meist mit Grabbeigaben. Doch oft auch mit ihren noch lebenden Dienern. Sonja schaudert bei diesem Gedanken.

Die Weiterfahrt nach Cusco wird wieder einmal durch eine Straßenblockade gebremst. Diesmal sind es die Lkw-Fahrer, die landesweit gegen die erhöhten Benzinpreise und die drohende Fahrzeugsteuer protestieren. Klaus nimmt einen Umweg, auf dem sie einige Dörfer passieren, die wie ausgestorben wirken. Durch die Straßensperre kommen keine Busse mehr durch, auch Lebensmittel und sonstige Lieferungen bleiben auf der Strecke.

Dann erreichen sie ihn, den „Nabel der Welt". So nannten die Inka ihre Hauptstadt Cusco. Von der „Plaza de Armas" aus führten einst vier Straßen in das „Reich der vier Regionen". Auf gut ausgebauten Wegen gelangte man so in alle Winkel des Reiches, das sich über Peru, Bolivien, Ecuador und den Norden Chiles erstreckte.

Die Plaza ist auch heute noch das Zentrum der Stadt. Auf zwei Seiten wird sie durch die Kathedrale und die Kirche „La Compañia" begrenzt. Entlang der anderen beiden Seiten ziehen sich Arkaden, hinter denen

Cusco, einst Zentrum des mächtigen Inka-Reiches und der Nabel der Welt, ist heute ein Treffpunkt von Rucksack-Reisenden aus allen Kontinenten.

Die gewaltige Festung Sacsaywamán schützte Cusco vor Angreifern, die über die Berge kamen.

sich zahlreiche Geschäfte, Restaurants, Kneipen, Internet-Cafés und Reisebüros befinden. Wer einen Platz auf dem Balkon eines Restaurants im Obergeschoss ergattert, ist ein glücklicher Mensch, denn er kann das allzeit bunte und lebendige Treiben auf einem der schönsten Plätze der Welt von oben verfolgen.

Als Sonja und Klaus ankommen, wälzt sich gerade ein riesiger Umzug durch die Innenstadt. Die Straßen rund um die Plaza sind gesperrt, Polizisten schicken Klaus mal in die eine, mal in die andere Richtung. Doch die Gassen abseits der Hauptstraßen sind viel zu eng für den bulligen Unimog. Endlich steigt ein Angehöriger der Touristen-Polizei zu den beiden ins Auto, bringt sie sicher durch die Barrikaden und manövriert sie - auch entgegen einiger Einbahnstraßen - zu ihrem Zielort. Dann stürzen sie sich mitten in den Umzug, mit dem die Marktleute einen ihrer großen Feiertage zelebrieren.

Es ist die Karwoche, und sie wird wie alle religiösen Anlässe ausgiebig gefeiert. Jeden Tag ziehen farbenfrohe Prozessionen durch die Stadt. Doch eingeläutet wird die Woche mit einem Umzug zu Ehren des „Señor de los Temblores“, des Herrn der Erdbeben. Ihm danken sie, dass er im Jahr 1650 mit gewaltigen Erdstößen mehr als drei Viertel aller spanischen Kolonialbauten zum Einstürzen brachte. Die Fundamente aus der Inka-Zeit, auf welche die Spanier ihre Häuser errichteten, blieben stehen.

Dieses scheinbare Wunder wiederholte sich im Lauf der Jahrhunderte noch mehrmals, sowohl bei Erdbeben wie auch bei Feuersbrünsten. Dabei steckt hinter diesem Phänomen wahrlich keine Zauberei. Vielmehr war es die herausragende Architektur und die einzigartige Steinmetz-Kunst der Inka, die ihre Bauten so perfekt machten. Ohne Mörtel türmten sie Mauern auf, zwischen deren Steine kein Blatt Papier mehr passt. Das berühmteste Objekt ist der zwölfeckige Stein in der Calle Hatunrumiyoc, den die Maurer wohl aus einer besonders guten Laune heraus in die umliegenden Steine eingepasst haben – in perfekter Millimeterarbeit.

Doch es gibt noch weitere Paradebeispiele für die hohe Baukultur. Die Festung Sacsaywamán etwa 200 Meter oberhalb der Stadt ist eines. Gewaltige Steine, deren größter rund 42 Tonnen schwer ist, wurden exakt bearbeitet und ohne Mörtel aufeinandergeschichtet. Über 600 Meter erstrecken sich die drei Zickzack-Mauern der Anlage. Dank der Zacken konnten etwa drei Mal so viele Bogenschützen auf den Wällen stehen wie bei einer gerade gezogenen Mauer. So war die Stadt auch über die Berge uneinnehmbar für die Feinde der Inka.

Peruanische Mütter tragen ihre Babys in bunten Tüchern auf dem Rücken.

Jeden Sonntag besuchen die Bürgermeister der umliegenden Dörfer den Gottesdienst in Pisac.

Wenige Stunden von Cusco entfernt findet der wohl berühmteste Indianermarkt in ganz Peru statt. Das Dorf Pisac ist aber auch für seine gewaltige Ruinen-Anlage bekannt, die rund 600 Meter über der Ortschaft liegt. Über mehrere Quadratkilometer erstreckt sich die ehemalige Inka-Stadt. Landwirtschaftliche Gebäude, Militärbauten, Tempel und Festungstürme sind über den gesamten Berg verteilt. Bis ins Tal des Urubamba hinunter ziehen sich die Terrassen-Felder, auf denen heute wie damals Kartoffeln, Mais und Getreide angebaut werden.

Der Markt von Pisac war einst Treffpunkt für die Bewohner des gesamten Tals. Heute wird er vor allem von Touristen besucht, was sich auch auf das Sortiment der fahrenden Händler ausgewirkt hat. Der Großteil bietet Kunsthandwerk, Bekleidung, Schmuck oder andere Souvenirs zum Kauf an. Sonja und Klaus interessieren sich vor allem für die kleinen Bäckereien am Rande des Marktes. In Lehmöfen backen sie hier köstliche Salteñas (gefüllte Teigtaschen), aber auch „Cuy", gegrilltes Meerschweinchen. Die putzigen Tierchen haben ihren Bau direkt neben dem Ofen, in den sie direkt bei Bestellung wandern.

Da Sonntag ist, gelangen Sonja und Klaus in den Genuss eines besonderen Schauspiels: Wie jede Woche kommen die Bürgermeister der umliegenden Dörfer zum Gottesdienst nach Pisac und präsentieren sich vor dem Kirchentor in ihren Trachten. Nach der Messe gehen sie mit dem Pfarrer zum gemeinsamen Mittagessen.

Wieder haben sie ein Stück tiefer in das Vermächtnis der Inka hineingeschnuppert. Jetzt haben Sonja und Klaus Appetit auf mehr: Es zieht sie zu der berühmtesten Stätte dieser Kultur überhaupt, zu den Ruinen von Machu Picchu. Eigentlich wollten sie die sagenumwobene Inka-Stadt über den Inka-Trail erreichen. Doch da die Wanderung nur noch in einer geführten Gruppe erlaubt ist, beschließen sie, auf eigene Faust mit dem Zug nach Aguas Calientes und dann mit dem Bus weiter nach Machu Picchu zu fahren.

Der Anblick der erst 1911 von Hiram Bingham entdeckten Ruinen vor der schroffen Kulisse des Wayna Picchu lässt keinen Betrachter je wieder los. Bis heute kennt niemand den ursprünglichen Zweck der Ansiedlung. Ob Militärstützpunkt oder Kloster, ob eine Stadt der Wissenschaftler oder doch nur ein Feriendomizil der Inka-Fürsten – Machu Picchu wird sein Geheimnis wohl auf ewig wahren.

Wie auch die mystischen Linien von Nasca. Sie blieben den Eroberern aus der alten Welt noch länger verborgen als Machu Picchu. Zwar wurden sie bereits 1550 von einem Spanier namens Pedro Cieza de León in

Erst aus der Luft erfasst man die mystischen Linien von Nasca in ihrem vollen Umfang.

einer seiner Chroniken erwähnt. Man zählte jedoch bereits das Jahr 1939, als der Amerikaner Paul Kosok in einem Flugzeug die Pampa Colorada überquerte und erforschte. Er war als erster davon überzeugt, dass es sich hierbei nicht – wie vorher angenommen – um Bewässerungskanäle oder gar ein Straßennetz handelte.

Doch erst die deutsche Wissenschaftlerin Maria Reiche widmete ihr ganzes berufliches Leben der Vermessung und Erforschung der nahezu unversehrt erhaltenen Linien, geometrischen Figuren und Formen. Doch weder sie noch irgendeiner der zahllosen Forscher nach ihr konnte den Sinn und Ursprung der Zeichnungen wirklich entschlüsseln.

Verschiedene Theorien gehen davon aus, dass die „Scharrbilder" wie ein astronomischer Kalender funktionierten. Einige markante Linien zielen exakt auf Punkte der Winter- und Sommersonnenwende, die von großer Bedeutung für die Landwirtschaft waren. Andere Wissenschaftler sehen in den Figuren eher die Zeichnungen einiger Sternbilder. Doch weiß bis heute niemand, ob die Schöpfer der Nasca-Linien diese überhaupt von oben sehen konnten.

Maria Reiche ließ direkt neben der Panamericana einen elf Meter hohen Aussichtsturm errichten, von dem man einen guten – wenn auch perspektivisch etwas verzerrten – Blick auf zwei der Zeichnungen hat, ein Händepaar und einen Baum. Wer mehr sehen will, muss in ein Flugzeug steigen und sich für knapp 50 Dollar pro Person in die Lüfte tragen lassen.

Sonja und Klaus investieren das Geld und werden nicht enttäuscht. Der Pilot der dreisitzigen Maschine erklärt jedes Bild, kurz bevor es in Sichtweite kommt. Nach dem „Wal" und dem „Astronauten" sehen sie auch den „Condor", den 70 Meter großen „Affen", den „Kolibri", die „Spinne", einen Vogel mit einem 300 Meter langen Schnabel und viele mehr. Rund 1000 Quadratkilometer misst das gesamte Gelände zwischen Nasca und Palpa, auf die sich die mehr als 30 Tier- und Menschenbilder, gut 100 geometrischen Figuren und rund 1000 teils kilometerlangen Linien verteilen.

Klaus filmt mit einem staubdichten Gehäuse in den Dünen von Huacachina.

Zurück in Nasca erfahren sie von einem erneuten Streik der Bus- und Lkw-Fahrer. Besonders betroffen sei ausgerechnet die Strecke zu ihrem nächsten Reiseziel, Arequipa im Süden des Landes. Da das Ende des Streiks offenbar noch nicht absehbar ist, beschließen sie kurzerhand, ihre Route zu ändern. Sie fahren nach Norden zur Oase Huacachina, nahe der Stadt Ica, die vor allem für ihren vorzüglichen Wein bekannt ist.

Inmitten einer extrem trockenen Sandwüste liegt eine kleine Lagune, deren Wasser stark nach Schwefel riecht. Außer einigen Hotels gibt es kaum Häuser – wer will hier, inmitten Tausender und Abertausender staubiger Dünen, schon leben.

Sonja und Klaus sind zutiefst erstaunt. Vieles hätten sie Peru zugetraut, aber diese Szenerie erinnert sie doch mehr an die afrikanische Sahara als an irgendeine ihnen bekannte südamerikanische Landschaft. Begeistert will Klaus den Anblick mit der Videokamera festhalten. Gemeinsam erklimmen sie eine der gut 100 Meter hohen Dünen. Durch den stürmischen Wind sind sie bald über und über mit Sand bedeckt. Ein Glück, dass ihre Kamera mit einem Spezialgehäuse ausgestattet ist, das kein einziges Sandkorn durchlässt. Die Firma ewa-marine hatte es ihnen zur Verfügung gestellt. Eigentlich wurde das Gehäuse für Unterwasser-Aufnahmen entwickelt, nun macht es auch in windigen Wüsten einen ausgezeichneten Job.

Zurück in Ica gibt es Neuigkeiten über den Streik. Jemand erzählt Klaus, die Aktion sei beendet und die Barrikaden aufgehoben. Die Polizei außerhalb der Stadt aber warnt sie, der Streik sei immer noch in vollem Gange. Sonja und Klaus beschließen, die Sache einfach auf sich zukommen zu lassen. Bis Arequipa, dem Zentrum des Arbeitskampfes, sind es noch einige Tage. Wer weiß, was bis dahin passiert.

Im Augenblick zieht es sie ohnehin zu einem viel bizarreren Ort. Der Wüstenfriedhof von Chauchilla liegt auf ihrem Weg. Mehr als 3000 Tote

Nichts für schwache Gemüter: Wer den Wüstenfriedhof von Chauchilla betritt, wird von präparierten Skeletten mit einem Lächeln empfangen.

aus den Zeiten der Nasca-Kultur sollen hier begraben liegen. Was heißt begraben – gleich am Eingang werden die Besucher von einem aufrecht sitzenden, in ein Leinentuch gehüllten Skelett lächelnd begrüßt.

Ein Blumengruß aus Peru.

Die peruanische Regierung hat ein gutes Dutzend der Grabanlagen restauriert und mit allerlei Knochen, Schädeln und eben auch komplett erhaltenen Gebeinen „geschmückt". Die kostbaren Grabbeigaben von einst fehlen jedoch. Sie wurden im Lauf der Jahrhunderte von pietätlosen Räubern gestohlen.

Dann geht es weiter auf der Panamericana Richtung Süden, immer entlang der Küste durch die peruanische Wüste. Wie gemalt trennt der dichte Küstennebel das Meer vom Land.

Nach zwei Tagen erreichen sie Arequipa. Die vielen entgegenkommenden Lastwagen weisen darauf hin, dass der Streik offenbar beendet ist, auch wenn am Straßenrand die Überreste von verbrannten Autoreifen auf eine noch recht frische Straßenblockade hinweisen. Dass der Streik aber gerade zwei Stunden vor ihrer Ankunft beendet wurde, lesen sie erst am nächsten Tag in der Zeitung.

Arequipa wird auch „Ciudad Blanca", die Weiße Stadt, genannt. Das liegt weniger an den typischen weißen Kolonialbauten. Vielmehr stammen die Bewohner der Stadt vor allem von den spanischen Kolonialherren ab. Tatsächlich sieht man auf den Straßen deutlich weniger Indianer und Mestizen als im nördlicheren Peru. Früher mussten die Eingeborenen, die meist als Diener für die Europäer arbeiteten, sogar in Ghettos vor der Stadt wohnen. Zum Glück sind diese Zeiten vorbei.

Das Kloster Santa Catalina in Arequipa ist für seine üppige Farbgebung berühmt. Alle paar Jahre wird der Anstrich verändert.

Durch die Nähe zum Meer, das keine 80 Kilometer entfernt liegt, herrscht in Arequipa trotz der Höhe von 2353 Metern ein mildes, frühlingshaftes Wetter. Neben der wunderschön angelegten Plaza ist das Kloster Santa Catalina Hauptanziehungspunkt der herrlichen Stadt. Es wurde 1580 gegründet, doch erst 390 Jahre später durfte es von Besuchern betreten werden. Es waren die wenigen verbliebenen Nonnen selbst, die in der Öffnung für Touristen die Rettung ihres Klosters wähnten.

Beim Rundgang haben Sonja und Klaus das Gefühl, durch eine spanische Kleinstadt zu flanieren. Der Klosterbau hat einen völlig eigenen Charakter, der durch die markante Farbgebung in leuchtendem Rot und Blau noch verstärkt wird. Alle paar Jahre erhalten die Wände einen neuen Anstrich und damit auch eine neue Farbe. Die Nachmittagssonne legt eine sehr friedliche und angenehme Atmosphäre über diesen Ort, an den einst so viele Mädchen gegen ihren Willen auf Nimmerwiedersehen von ihren Familien getrennt wurden. Die Novizinnen lebten die erste Zeit völlig abgeschottet, sowohl von der Außenwelt wie auch vom eigentlichen Klosterleben.

Fast träumerisch wandeln Sonja und Klaus durch die vielen Gebäude und über den hübsch angelegten Klosterhof und lassen sich von den herrlichen Eindrücken verzaubern.

Für viele Besucher ist Arequipa auch die Ausgangsstation für einen Ausflug zum „Cañon del Colca". Diese gewaltige Schlucht, die je nach Standpunkt mehrere Tausend Meter in die Tiefe stürzt, hat ein paar sehr interessante Bewohner: Kondore, die größten Raubvögel der Welt. Vom „Cruz del Cóndor" aus kann man die gigantischen Geier wunderbar bei ihrer Futtersuche beobachten. Die Tiere nutzen die Thermik der Schlucht und kreisen, den Blick immer auf den Grund der Schlucht gerichtet. Entdeckt ein Kondor ein verendendes Tier, lässt er sich in die Tiefe stürzen.

Gleich unterhalb ihres Standortes schnäbeln zwei Kondore eifrig herum. Ein dritter Vogel kommt herangeschwebt und will auf ihrem Felsen landen. Da ihm die anderen den Platz verwehren, startet er durch und zieht keine zehn Meter an Sonja und Klaus vorbei. Selten kommen die Tiere so dicht an den Menschen heran, selten hat ein Mensch die Gelegenheit, die arrogante Eleganz eines fliegenden Kondors so hautnah zu erleben. Immer mehr Vögel steigen von den Felsvorsprüngen unter ihnen auf, Jungtiere mit ihrem unauffälligen braunen Gefieder ebenso wie erwachsene Kondore. Sie tragen das typische pechschwarze Federkleid mit dem markanten weißen Kragen.

Mit diesen spektakulären Bildern enden die sechs Wochen im Andenstaat Peru, der ihnen so viele neue Eindrücke vermittelt hat. Doch irgendetwas zieht sie wieder nach Süden.

Nach Chile.

Dieses Land hält sie beide gefangen und zieht sie immer wieder magisch an.

Besuch in der Unterwelt

Es sollte ihr letzter Besuch in Chile sein, und der beginnt gleich mit einer schönen Überraschung: Die Spritpreise sind gefallen. Dazu kommt der äußerst günstige Wechselkurs, sodass ein Liter Diesel nicht mehr als 33 Cent kostet. Und das ausgerechnet jetzt, da sie vor der mehrtägigen Fahrt durch den wenig erschlossenen Lauca-Nationalpark ihre Tanks bis an die Oberkante füllen müssen.

Die Landschaft im Park raubt den beiden fürs Erste den Atem. Endlose Ebenen bis zum Horizont, wo sich schneebedeckte Berge und Vulkane in den Himmel recken. Flüsse, die ihr Bett durch die karge Natur schneiden, scheinbar auf der Suche nach dem Ende der Welt. Lamas, Alpakas und Vicuñas weiden in dicht beieinander stehenden Herden auf den steppenartigen Wiesen. Vizcachas, eine kleine Chinchilla-Art, liegen auf Steinen und Felsvorsprüngen und recken ihre pelzigen Körper in der Sonne, die zum Greifen nah scheint. Hunderte rosafarbener Flamingos stehen in den offenen Wasserflächen des Salzsees „Salar de Surire" und verleben unbeschwert Tag um Tag.

Es liegt ein Hauch von unstörbarem Frieden über diesem Landstrich, als lebten alle seine Bewohner in ewiger Harmonie Seite an Seite. Nirgendwo ist auch nur ein Anflug von Hektik, Jagd oder Flucht zu spüren. Freilich nur ein sehr romantischer Eindruck, doch er hält sich tagelang.

Dazu tragen auch die kleinen, weit verstreuten Dörfer im Lauca-Gebiet bei. Die meisten von ihnen wirken schon von Weitem verlassen und ausgestorben. Tatsächlich werden sie nicht bewohnt, dennoch erfüllen sie für die Bewohner des Nationalparks eine wichtige Rolle. Denn zu den großen Feiertagen treffen sich die Menschen in diesen Zeremonialdör-

Bild Seite 176/177:
Endlose Ebenen bis zum Horizont, wo sich schneebedeckte Berge in den Himmel recken, prägen die Landschaft des Lauca-Nationalparks.

Parinacota ist einer der wenigen bewohnten Orte im Lauca-Nationalpark. Berühmt ist er für seine weiße Kirche aus dem 18. Jahrhundert.

fern und halten rauschende, oft mehrtägige Feste ab. Das verstärkt den spirituellen Wind, der durch die leeren Gassen weht, nur umso mehr.

Anders in Parinacota. Mit seinen gepflegten, weiß bemalten Bauten wirkt das Dorf wie aus dem Bilderbuch. Vor allem die kalkfarbene Kirche mit ihrem naiven Strohdach ist weithin berühmt. Das Gotteshaus stammt aus dem 18. Jahrhundert und wird von den Einwohnern Parinacotas in Schuss gehalten. Im Vergleich zu den vielen leer stehenden Dörfern wirkt der Ort fast wie eine kleine Stadt. Dabei sind es nur einige wenige Familien, die hier seit Jahr und Tag ihren Traditionen nachgehen.

Doch der Lauca-Nationalpark hat noch einen weiteren Höhepunkt: die heißen Quellen am Rande des Salar de Surire. Schon von Weitem sehen Sonja und Klaus die wabernden Nebelschwaden aufsteigen und halten direkt darauf zu. Wie intensiv sie die nächsten beiden Tage an diesem Ort erleben werden, ahnen sie allerdings noch nicht.

Nach einer ruhigen Nacht treibt es sie im frühen Morgenlicht zum ersten Bad in den Quellen. Das Thermometer misst die Luft mit minus zehn Grad. Das Wasser dagegen brodelt mit gut 50 Grad munter vor sich hin. Die Schwaden ziehen über ihren Köpfen hinweg, während die Morgensonne den Raureif wegtaut. Und das alles in 4300 Meter Höhe in absoluter Einsamkeit – es ist wie ein schöner Traum in einer milden Sommernacht.

Hätten sie nicht neun Jahre zuvor all ihre Sicherheit über Bord geworfen und Kurs auf ein ungewisses, aber doch so ersehntes Leben genommen, sie säßen in diesem Augenblick wohl in einem schlecht belüfteten Büro vor einer Tasse lauwarmem Kaffee und würden sich wünschen, sie wären weit weg. Zum Beispiel genau hier, an einem Ort, den kaum ein Mensch je zu Gesicht bekommt und der doch alles hat, wonach sich jeder gestresste Arbeitnehmer sehnt: Wasser, Sonne, Stille. Kein Telefon. Kein Chef. Kein gestern und kein morgen. Nur hier, nur jetzt.

Über dem Lauca-Nationalpark liegt ein geradezu paradiesischer Hauch von Ruhe und Frieden.

Klaus will die Atmosphäre unbedingt für den Film festhalten. Ein weiteres Mal ist er froh über das wasserdichte Spezialgehäuse, mit dem er ohne Sorge um das kostbare Gerät durch die Quellen und ihren Dunst waten kann.

Über dem Quellennebel herrscht tagsüber ein strahlend blauer Himmel. Sobald sich die Sonne durchsetzt, wird es mitunter richtig heiß. Nachts dagegen stürzt das Thermometer auf bis zu minus 15 Grad ab. Jetzt, im Spätherbst, sollte man sich aber nie darauf verlassen, dass das Wetter noch lange so bleibt. Das tun auch Sonja und Klaus nicht, und zwar zu Recht: In der Polizeistation am Salzsee erfahren sie, dass schon vor einer Woche erste Schneefälle über die Ebene niedergegangen sind.

Dieser Besuch bei der Polizei gehört zu jener langen Liste von Kuriositäten, die eine Weltreise wie diese wohl unweigerlich zusammenträgt. Schon seit ihrer ersten Einreise sind ihnen die chilenischen Beamten als äußerst nett und hilfsbereit im Gedächtnis. Doch dieses kleine Revier übertrifft alles. Klaus wollte nur ein paar Informationen über den Zustand der Pisten etwas weiter südlich. Die bekommt er auch, allerdings garniert mit frisch aufgebrühtem Tee und leckerem Apfelkuchen. Sonja und Klaus lassen es sich schmecken und genießen die unaufdringliche Gastfreundschaft der Polizei. Freunde und Helfer – zumindest hier, im Lauca-Nationalpark, trifft dieser Slogan uneingeschränkt zu.

Bei Colchane treffen sie wieder auf eine geteerte Straße. Immerhin liegen 270 Kilometer auf einer Sandpiste mit viel Geröll und Wellblech hinter ihnen. Nach dem mehrstündigen Gerüttel ist der unversehrte Straßenbelag eine reine Wohltat.

Nun geht es steil bergab. Colchane liegt auf 3770 Meter Höhe. Ihr nächstes Ziel aber ist Iquique, direkt am Pazifik gelegen – und damit auf null Metern. Immer wieder drohen ihnen die Trommelfelle zu platzen, als sie sich Kilometer und Kilometer die Serpentinen und Bergpisten hinunterschrauben. Dann, im müde sich zurückziehenden Licht der Nachmittags-Sonne, sehen sie den Küstennebel über die Stadt wabern. Am Abend wird es empfindlich kalt.

An den folgenden Tagen gelingt es der Sonne nur mittags, sich für ein oder zwei Stunden gegen den Nebel durchzusetzen. Das schlägt früher oder später aufs Gemüt, sodass sie bald wieder auf die Panamericana einscheren und sich auf den Weg nach Bolivien machen.

Direkt an der Einmündung zur Hauptverkehrsader des amerikanischen Kontinents liegt die „Officina Humberstone", eine längst verlassene Salpeter-Mine. Sie wird als Freilicht-Museum erhalten und vermittelt einen guten Eindruck jener Zeiten, als dieser Landstrich noch florierte. Ein schmuckes Theater zeugt von lebendiger Kultur, die riesigen Markthallen von regem kaufmännischem Treiben. Hotels, Wohnhäuser, eine Fabrik, eine Schule und sogar ein Schwimmbad machen die Anlage komplett.

Auf dem Campingplatz von Calama macht Klaus den Unimog fit für die nächste Tour durch das bolivianische Hochland, das Altiplano. Er befreit das Auto von Staub und Salz und geht gemeinsam mit Sonja die möglichen Routen durch. Sie lassen sich eine Woche Zeit, um die Tour zu planen, dann schlagen sie den bestens bekannten Weg nach San Pedro de Atacama ein, nehmen die Teerstraße in Richtung des „Paso de Jama" und biegen an einem kleinen Hinweisschild ab zur bolivianischen Grenze.

Der Grenzposten ist wohl der kleinste, den sie auf ihrer bisherigen Reise gesehen hatten. Nur die Passkontrolle geht hier, im steinigen Niemandsland, in wenigen Augenblicken über die Bühne. Der eigentliche Zoll kommt erst 50 Kilometer weiter. Da jeder Südamerika-Reisende weiß, dass er ohne gültige Stempel und Zollpapiere gravierende Probleme bei der Ausreise haben wird, geht Klaus auf Nummer sicher und fragt nach der genauen Position der Zollstation. Der Grenzer antwortet gelassen, der Zoll sei nicht zu verfehlen, da sich ein großer Bogen über die Piste spanne und das Zollgebäude direkt daneben stehe.

Doch zunächst treffen sie nur auf das Gebäude des Nationalparks, der sich von der „Laguna Verde" („Grüne Lagune") bis zur „Laguna Colorada" („Rote Lagune") erstreckt. Und schon nach wenigen Kilometern taucht das malerische Panorama der Laguna Verde vor der staub-

Wer aus der Atacama nach Bolivien einreist, trifft an der Grenze nur auf eine Passkontrolle. Der eigentliche Zoll kommt erst 50 Kilometer weiter.

verschmierten Windschutzscheibe auf. Die beiden Vulkane Licancabur und Juriquez bilden eine würdige Kulisse für das Naturschauspiel, das jeden Nachmittag im Wasser des rund 17 Quadratkilometer großen Sees vor sich geht: Starke Winde wirbeln das Plankton und die mineralischen Sedimente im See durcheinander, die dann durch die direkt einfallenden Sonnenstrahlen reagieren und das vorher kristallklare Wasser in ein smaragdenes Grün tünchen. Erst als die große Schau vorbei ist und die Laguna Verde ihrem Namen alle Ehre macht bemerken Sonja und Klaus, dass die Sonne bereits am Untergehen ist. Es lohnt sich nicht mehr, an diesem Tag ein neues Ziel anzusteuern, daher suchen sie sich an der benachbarten Lagune einen ruhigen Platz für die Nacht.

Schon der Wind am sonnigen Nachmittag verlieh der Luft eine eisige Kälte. Mit der hereinbrechenden Nacht sinkt die Temperatur unter den Gefrierpunkt. Es wird kalt, richtig kalt.

Unermessliche Silbervorkommen im Cerro Rico machten Potosí im 17. Jahrhundert größer und reicher als Paris und Rom.

Am nächsten Morgen zeigt das Thermometer minus 17 Grad. Und das auf 4400 Meter Höhe. Wie wird der Motor reagieren? Klaus macht sich auf alles gefasst. Doch der Unimog lässt seine Fahrer nicht im Stich. Nach vier, fünf Versuchen röchelt der Diesel-Motor gequält, doch er springt an.

Am Nachmittag sehen sie das angekündigte Zoll-Schild am Straßenrand. Ein Büro oder Ähnliches suchen sie aber vergeblich. Keine Schilder, kein Mensch, den man fragen könnte. Sie stehen allein im Nirgendwo. Auf ihrem Weg zur Laguna Colorada treffen sie schließlich auf ein Camp von Straßenarbeitern. Die Frage nach dem Zoll beantworten diese mit deutlichen Fingerzeigen in die Richtung, aus der sie gekommen waren. Jetzt dämmert ihnen auch, an welcher Stelle sie die Abzweigung verpasst hatten. Das heißt: Mehr als zwei Stunden zurück auf einer holprigen Schotterpiste.

Doch der Abend bricht bereits über das Altiplano herein, so fahren Sonja und Klaus noch das kurze Stück bis zur Laguna Colorada und bleiben dort über Nacht. Diese Lagune hat ihren Namen von ihrer eigentümlichen Wasserfarbe. Algen und Plankton, von denen sich die vielen Flamingos im See ernähren, verleihen dem See ein geheimnisvoll schimmerndes Rot-Braun. Ein aufregender Kontrast zum täglich sich erneuernden Türkis der Laguna Verde.

Aber was jetzt? Zwei Stunden mit 20 km/h bis zum Zoll, wieder zwei Stunden zurück und weiter auf einer wahrscheinlich schlechten Piste nach Bolivien – oder über Chile die Straße nach Norden nehmen und dort erneut nach Bolivien einreisen? Dabei würden sie den Vulkan Sajama passieren, den sie ohnehin sehen wollten. Gesagt getan: Sie tuckern die Piste entlang und erreichen nach einer nervenaufreibenden Fahrt endlich die Zollstation. Klaus versucht, sich für ihr spätes Erscheinen zu entschuldigen, die Zöllner aber winken nur ab. Ja sie wüssten schon, das Schild, da fehle der Richtungshinweis. Das werde bald behoben, sagen sie. Prompt erledigen sie die Ein- und gleichzeitig auch die Ausreise.

Bei der kurzen Fahrt durch Chile verliert Klaus ein Gold-Inlay, das ihm ein Zahnarzt in Calama professionell wieder einsetzt. Ob sie im bolivianischen Hochland einen ähnlichen Experten gefunden hätten?

Egal. Das Gebiss ist wieder intakt und drei Tage später reisen sie im Schatten des Sajama und seiner beiden „Nachbarn" auf chilenischer Seite, Parinacota und Pomerape, wieder nach Bolivien ein.

Auf einer hervorragend ausgebauten Teerstraße erreichen sie schließlich das legendäre Potosí. Seit die Spanier im Jahr 1545 im Cerro Rico, dessen Gipfel mächtig über der Stadt thront, auf üppige Silbervorkommen stießen, wird er unaufhaltsam von Minenarbeitern durchbohrt und durchwühlt. Heute gibt es zwei Arten von Minen: Die staatlichen, in denen mit modernen Maschinen vor allem nach Zinn gegraben wird. Und die privaten Kooperativen, wo sich die Mineros noch mit Schubkarren,

Eisenpickeln und Dynamit den Weg durch das Gestein bahnen. Sie buckeln ihr ganzes Leben für ein paar Gramm Edelmetall pro Woche. Kaum ein Minero hat das Glück, seinen 40. Geburtstag noch zu erleben.

Eine Tour durch eine dieser privat geführten Minen gehört zu jenen Erlebnissen, die man nur noch an wenigen Orten dieser Erde findet. In kleinen Gruppen – mit Sonja und Klaus sind nur noch zwei weitere Touristen an Bord des Minibusses – geht es zunächst zum „Mercado de Mineros". Auf diesem Markt versorgen sich die Minenarbeiter mit allem, was sie brauchen, vor allem mit Zigaretten, Kokablättern und Dynamitstangen. Jeder kann für ein paar Bolivianos genug Sprengstoff kaufen, um damit eine Bank in die Luft zu jagen. Doch „der Tod ist im Berg ganz natürlich", winkt der Führer ab. Sonja kauft eine Stange.

Auch Zigaretten und einen Beutel Kokablätter bringen sie den Arbeitern im Cerro Rico mit, zum Dank, ihnen bei ihrem harten Tagwerk über die Schulter schauen zu dürfen. So will es eine gute Tradition. Sie

„El Tío" („Der Onkel") nennen die Mineros diese Heiligenfigur, die sie mit Opfergaben wie Alkohol und Zigaretten gnädig stimmen.

werden mit Gummistiefeln, Helmen und Grubenlampen ausgestattet, dann geht es hinab in die Unterwelt. Im Glauben der Mineros verlassen die Menschen hier das Reich Gottes. Unter der Erde herrscht der Teufel, den sie in bunt geschmückten Schreinen verehren.

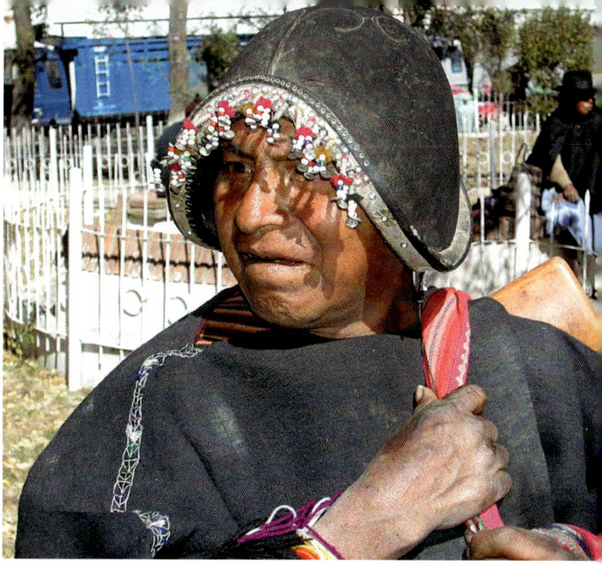

Die Kopfbedeckung dieses Indianers ist der Helmform der spanischen Eroberer nachempfunden.

Weil die kleinen Lampen kaum Licht erzeugen, freuen sich die Arbeiter, wenn Klaus die Mine mit dem Scheinwerfer seiner Videokamera ausleuchtet. Er könne gerne jeden Tag kommen, rufen sie ihm lachend zu. Klaus ist ergriffen von der scheinbaren Leichtigkeit, mit der die schuftenden Mineros ihr hartes Schicksal ertragen. Allein der Weg durch die sich auf und ab windenden Gänge, die selten mehr als einen Meter breit und hoch sind, ist eine Qual. Immer wieder lassen Sprengungen die felsigen Wände in der Dunkelheit erzittern. Es ist ein tägliches Stelldichein mit dem drohenden Tod, das die Arbeiter mit dem Betreten der Mine annehmen.

Ohne eine Handvoll Kokablätter in der Backe, die ihnen Angst und Hunger nehmen und ihren Willen mit eiserner Kraft anschüren, hätten sie sich wohl schon lange aufgegeben. Auch der regelmäßige Schluck aus dem Plastikfläschchen, in dem sie ihren 96-prozentigen Schnaps in der Hosentasche mit sich führen, bringt eine willkommene Betäubung der Sinne.

Ihr weiterer Weg führt sie nach Tarabuco, etwa 60 Kilometer von der Hauptstadt Sucre entfernt. Der kleine Ort ist im ganzen Altiplano berühmt für seinen traditionellen Sonntagsmarkt. Sonja und Klaus genießen vor allem die originellen Trachten der indianischen Besucher. Jedes Dorf scheint seine eigenen typischen Farben und Muster in der Kleidung zu verarbeiten. Auch die Schnitte der Ponchos, vor allem aber der Kopfbedeckungen, sind äußerst verschieden. Von einigen Hüten baumeln lange Fransen, andere scheinen den Helmen der spanischen Eroberer nachempfunden. Allen gemeinsam ist aber der Stolz, mit dem die Menschen ihre Kleidung tragen. Und das zu Recht.

Sucre selbst ist eine herrliche Stadt, vielleicht die schönste und gepflegteste in ganz Bolivien. Auch sie trägt den Beisatz „La Ciudad Blanca“ („Die Weiße Stadt“), im Gegensatz zum peruanischen Arequipa aber nicht etwa wegen der überwiegend europäischen Bevölkerung, sondern vielmehr wegen der strahlend weiß gestrichenen Häuserfassaden.

Hier erklärte General Don Antonio José de Sucre am 9. Februar 1825 die Unabhängigkeit von Spanien, hier wurde die Republik Bolivien am 6. August desselben Jahres gegründet. Der Name des Generals wurde drei Jahre später denn auch jener der Hauptstadt der jungen Nation. Ihr vierter Name bereits: Vorher wurde sie Charcas, La Plata und Chuquisaca genannt. Doch mit der Zeit wurden immer mehr Gremien, auch der Regierungssitz, nach La Paz umgesiedelt. Nur der Oberste Gerichtshof blieb der Weißen Stadt erhalten.

Die Farbe Weiß sollte auch die nächsten Wochen ihrer Reise dominieren. Der „Salar de Uyuni“ gilt als weltweit größte zusammenhängende Salzfläche. Bis zu sieben Meter dick ist die weiße Kruste, die den 160 Kilometer langen und rund 130 Kilometer breiten See überdeckt. Die Durchquerung gilt als eines der letzten Abenteuer unserer Zeit. Doch die Fahrt von Sucre nach Uyuni sollte das größere Abenteuer werden.

Streikende Minenarbeiter aus Potosí blockieren die Straße. Irgendwann am Abend, so heißt es, werde die Sperre aufgehoben. Es gibt keine Chance, die Blockade zu umfahren. Der Abend kommt, die Sperre bleibt. Es wird bitterkalt, hier in 4000 Metern Höhe. Sonja sieht, wie zahlreiche Bolivianer dicke Büschel aus den Wiesen reißen und unzählige Feuer entfachen. Doch niemand wärmt sich an den Flammen. Klaus fragt einen

Zwischenstopp im Salar de Uyuni. Das blendende Weiß des größten Salzsees der Welt reicht bis über den Horizont hinaus.

der Streikenden nach dem Sinn dieser Feuer. Es sei Johanni-Nacht, erklärt der Mann, und da die Leute nicht zu Hause feiern könnten, zünden sie eben hier ihre Johanni-Feuer an.

Endlich setzt sich der Tross in Bewegung. Doch schon bald sieht Klaus im Rückspiegel, wie einige Mineros den Bus hinter ihnen mit Steinen bewerfen. Er gibt Gas, doch auf der steilen Piste kommt er kaum voran. Schließlich ruft er einem der Männer zu, sie seien Touristen und wüssten überhaupt nicht, um was es hier eigentlich gehe. Der Minero versichert ihm, es werde kein Ausländer zu Schaden kommen. Man wolle nur die Landsleute daran hindern, die Blockaden zu durchbrechen.

Und der Mann spricht die Wahrheit: Ein Einheimischer bietet ihnen an, die Nacht auf ihrem Hof ganz in der Nähe zu verbringen. Kurz drauf sitzen sie schon gemeinsam am Lagerfeuer und feiern die Johanni-Nacht. Doch kaum sind die müden Weltenbummler in ihre Wohnkabine gekrabbelt, klopft es auch schon am Fenster. Es ist der Minero von vorhin. Die Sperre sei aufgehoben, es gehe nun weiter. Doch niemand könne sagen, wann die Blockaden erneut errichtet würden.

Gerne hätten Sonja und Klaus die Nacht im Schutz des Anwesens verbracht, doch die Aussicht auf die sofortige Weiterfahrt vertreibt die Schläfrigkeit. Klaus tritt aufs Gas und anderthalb Tage später erreichen sie den Salar de Uyuni.

So weit das geblendete Auge reicht, erstreckt sich die kristallene Schicht über dem See. Als das Salz unter den Reifen des Unimogs zu knirschen beginnt, wird Sonja unwohl. Aber Klaus weiß: Wenn er die sogenannten „Ojos“ (Augen), wie die Einheimischen die blubbernden Löcher in der Salzkruste nennen, umfährt, kann ihnen nichts passieren.

Überall sehen sie die aufgetürmten Salzhäufen, aus denen die Menschen aus Colchani Speisesalz gewinnen. Immer wieder ragen rötliche Felsinseln aus dem Salz, auf denen Kakteen wuchern. Es ist ein Bild

Das Hotel „Playa Blanca“ („Weißer Strand“) ist komplett aus Salz gebaut. Auch sämtliche Möbel bestehen aus dem „weißen Gold“.

wie aus einer völlig anderen Welt, auf einem Planeten in einer anderen Galaxie.

Mit 80 Sachen fährt Klaus über die ungewohnte Piste. Am Nachmittag kommt heftiger Wind auf und bis zum Abend wird es eisig kalt. Für die Nacht decken sie den Motor mit einer Plane ab. Am nächsten Morgen zeigt das Thermometer minus zwölf Grad. Doch Klaus hatte den Unimog so gestellt, dass die ersten Sonnenstrahlen direkt auf den Tank und den Motor fallen, der somit ohne Probleme anspringt.

Mitten im Salar erreichen sie das Hotel „Playa Blanca" („Weißer Strand"). Mit Ausnahme des Strohdaches ist es komplett aus Salz gebaut, auch die Betten, Tische und alle anderen Möbel. Sonja und Klaus übernachten im Unimog direkt vor dem Hotel. Die anderen Besucher aber erzählen am Morgen, wie wunderbar sie in ihren Salzbetten, eingehüllt in kuschelige Alpaka-Decken, geschlafen hätten.

Mit diesen gesalzenen Erlebnissen geht auch ihr zweiter Besuch in der andinen Welt Boliviens zu Ende. Sie fahren nach La Paz, wo sie in Ernestos Werkstatt wieder einen sicheren Platz für ihren Unimog finden.

Bei einem Stadtbummel entdecken sie das „Café Heidelberg". Und der Name ist Programm: Sogar original deutscher Bienenstich wird zum kräftigen Kaffee serviert. In der Bäckerei nebenan gibt es Brezen, Laugensemmeln und Nussecken. Richtig kurios wird es dann in der benachbarten Metzgerei. Weißwürste aus Lamafleisch – darauf muss man erst einmal kommen. Vegetarierin Sonja verzichtet auf einen Test. Klaus jedoch ist begeistert. Ein Stück bayerischer Kultur, und das im Herzen von Südamerika. Nur der süße Senf fehlt in diesem Moment zum vollkommenen Glück.

Bild Seite 192/193:
Die „Laguna Verde" erhält erst am Nachmittag, wenn starke Winde die Sedimente des Wassers durcheinander wirbeln, ihre namensgebende grüne Farbe.

Der Biss des Piranha

Die Tage im Altiplano sind gezählt, es geht wieder bergab. Die Kulisse bildet die Chaparé-Region mit ihren dichten, sattgrünen Regenwäldern und ihren schier unerschöpflichen Koka-Feldern. Sonja und Klaus erinnern sich an ihre letzte Fahrt durch diese Region vor vier Monaten. Damals demonstrierten die Koka-Bauern. Zum Glück geraten sie diesmal in keine Straßensperre.

Der Protest von damals hat keine Spuren hinterlassen. Die Straße ist ruhig, fast zu ruhig. Nur vereinzelt taucht ein Auto am Horizont auf, kommt langsam näher, brummt am Unimog vorbei und ist meist noch minutenlang im Rückspiegel zu sehen.

Über Cochabamba, einst die erste Station ihrer Bolivien-Reise, geht es weiter Richtung Osten. Wegweiser zeigen die Abzweigungen nach Sucre und Potosí an und wecken Erinnerungen an bewegende Erlebnisse.

Kurz vor Santa Cruz verlässt Klaus die angenehm geteerte Landstraße und nimmt Kurs auf den äußersten Osten des Landes, der nur über Schotterpisten zu erreichen ist.

Doch auch diese findet ihr vorläufiges Ende am Río Grande, der hier vom Süden her strömt, ehe er sich gut 200 Kilometer weiter mit dem Río Chaparé zum Río Mamoré vereint.

An diesem Fluss, hoch im Norden Boliviens, findet man übrigens ein kleines Städtchen namens „Nuevo Berlin“ …

Doch die Zweitauflage der deutschen Hauptstadt interessiert Sonja und Klaus in diesem Augenblick nur am Rande. Weit wichtiger ist die Frage, wie sie über die braun dahinwogenden Fluten des Río Grande gelangen. Weder eine Brücke noch ein Fährhafen ist irgendwo links oder rechts der Straße zu erkennen.

Braucht man hier auch nicht. Bolivien ist das mit Abstand ärmste Land Südamerikas, doch um gute Ideen sind die Bolivianos nie verlegen. So auch in diesem Fall. Große Holzflöße stehen bereit, um Autos und selbst

Echte Handarbeit: Auf diesem Floß überqueren Sonja und Klaus den Río Grande in Bolivien.

Lastwagen auf die andere Seite des Flusses zu tragen. Bewegt werden die Pontons von kräftigen Flößern, die ihre Fracht mit langen Holzstangen vorwärts drücken. An seichteren Stellen stehen die Männer im Wasser und schieben das Floß an. Das ist noch echte Handarbeit – und sie funktioniert. Viel schneller als erwartet rollt der Unimog am östlichen Ufer von den Brettern und nimmt seine Fahrt wieder auf.

Zunächst auf einer geteerten Straße, später auf einer recht gut ausgebauten Sandpiste geht es weiter, ehe sie am frühen Abend die erste von zehn Jesuiten-Missionen im Süden der Region Chiquitanía erreichen. Es ist San Javier, das bereits im Jahr 1692 gegründet wurde und bis heute ein herausragendes Beispiel der Baukunst jener Zeit darstellt. Auch Concepción, San Ignacio de Velasco und die übrigen sogenannten „Reduktionen" wie Santa Rosa de la Roca oder Santa Ana wurden von der UNESCO zum Weltkulturerbe erklärt.

Nach San Rafael wird die Fahrt zu einer kleinen Mutprobe. Die Strecke endet hier auf allen Karten. Auf einigen gibt es zumindest eine gestrichelte Linie, manchmal bleibt das Grenzgebiet zu Brasilien einfach leer. Doch die beiden hatten sich vorher davon überzeugt, dass hier eine Straße ins Nachbarland führt, daher drückt Klaus aufs Gas und sieht den letzten 200 Kilometern auf bolivianischem Boden gelassen entgegen.

In gelegentlichen Militärposten und kleinen Dörfern fragen sie sich nach der Grenze durch. Überall wird ihnen bestätigt, dass sie auf dem richtigen Weg seien. Die Piste selbst ist jetzt, in der Trockenzeit, in recht gutem Zustand. Nur die ständigen Wellblech-Passagen rütteln an den Stoßdämpfern und an den Nerven von Fahrer und Beifahrer.

Schließlich erreichen sie – trotz der Rüttelei gut gelaunt – San Matias, den letzten Ort vor der Grenze. Sie füllen die Tanks des Unimogs an der kleinen Tankstelle und geben im einzigen Speiselokal des Dorfes ihre letzten Bolivianos aus.

Vom Holzfloß auf die Holzbrücke – auch in Brasilien wird so manche Flussüberquerung zu einem echten Abenteuer.

Eine halbe Stunde später stehen sie an der Grenze zu Brasilien. Es ist der Sprung vom Armenhaus Südamerikas in eines der reichsten Länder des Kontinents. Von Beginn an sind die Straßen geteert. Die Häuser sind nicht aus Lehm und Brettern gebaut, sondern aus massiven Ziegeln. Statt einem Plumpsklo steht in fast jedem Garten eine Satellitenschüssel.

Eine charmante junge Dame bittet sie am Grenzübergang um – ja, um was nur? Auf Spanisch können Sonja und Klaus mittlerweile fast jeder Unterhaltung folgen, auch geschriebenes Portugiesisch lässt sich mit diesem Wissen durchaus entschlüsseln. Aber gesprochenes, noch dazu in Brasilien gesprochenes Portugiesisch ist für ungeübte Ohren ein reines Kauderwelsch aus nasalen Lauten, eingebettet in eine wohlklingende Melodie.

Ach ja, die Impfpässe: Die Frau will die Gelbfieber-Impfung der Einreisenden kontrollieren, zumindest steht das auf dem Schild hinter ihr. Sonja kramt die gewünschten Unterlagen hervor, füllt ein Formular aus und schon geht's weiter. Zoll und Migración befinden sich erst in Cáceres, gut 100 Kilometer weiter.

Schon bei ihrem ersten Aufenthalt in Brasilien blieb den beiden die Begeisterung der Brasilianer für geländegängige Reisemobile nicht verborgen. Wo immer sie auftauchen, recken die Leute ihre Daumen nach oben: „Tudo bem!"

Überall in Südamerika begegneten sie reisenden Brasilianern in ihren oft selbst umgebauten Allradfahrzeugen. Doch die Bodenfreiheit und Geländegängigkeit des Unimogs mit dem deutschen Kennzeichen „AIC" wird mit fachmännischem Blick bestaunt und mit erhobenem Daumen zur Kenntnis genommen: „Tudo bem!"

Schon bald nach Cáceres werden sich auch Sonja und Klaus einmal mehr der hervorragenden Fahreigenschaften ihres Autos bewusst. Ihr Weg führt sie über Cuiabá und Poconé zur Transpantaneira, die Piste, die in das größte Überschwemmungsgebiet der Welt führt, das Pantanal. In der Regenzeit aber wäre wohl auch der Unimog an seine Grenzen gestoßen. Immerhin überquert man die Flüsse hier nicht mit wackeligen

Flößen, dafür aber auf zunächst wenig vertrauenserweckenden Brücken. Zur Freude der Weltenbummler, aber auch der umstehenden Einheimischen, halten die hölzernen Stege dem tonnenschweren Unimog stand: „Tudo bem!“ Auch ein gelegentliches Knacken oder Knirschen der dicken Balken beunruhigt sie nicht, wissen sie doch, dass die mehr als 100 Brücken auf der Transpantaneira für ganz andere Kaliber ausgelegt sind. Sie wurden einst für die schweren Tiertransporter errichtet, welche die Rinderherden von und zu den umliegenden Farmen bringen.

Das trifft zumindest auf die Brücken der ersten 65 Kilometer bis zur Stadt Pixaim zu. Hier dreht sich der Daumen nach unten: Die Bewohner raten Sonja und Klaus, auf die Weiterfahrt zu verzichten, zu gefährlich sei es für sie, die nun folgenden Brücken zu überqueren. Kein Problem für die beiden, sind sie doch mit den bisherigen Eindrücken dieses Landstrichs mehr als zufrieden.

Das Pantanal ist ein Paradies für die verschiedensten Tierarten, die anderswo unter dem steten Vormarsch des Menschen zu leiden haben. Hier dagegen können sie sich in ihrem natürlichen Umfeld ungestört fortpflanzen und ihren Lebensgewohnheiten nachgehen. Da gerade Trockenzeit ist, versammeln sich alle Arten an den wenigen verbliebenen Wasserpfützen, wo sie friedlich nebeneinander stehen und genüsslich trinken. Wild dreinblickende Krokodile dominieren die tierische Gesellschaft, doch um sie herum sind es vor allem die unzähligen kunterbunten Vogelarten, die das Bild komplett machen: Rosa Löffelreiher, blaue und grüne Eisvögel, Kolibris, Papageien, Tukane,

Auch Vögel wie dieser Tukan fühlen sich im Panantal pudelwohl.

Wo immer Klaus etwas Unerwartetes entdeckt, packt er die Kamera aus und hält die Szene für alle Zeiten fest.

Töpfervögel, Waldstörche, Ibisse, verschiedene Greifvögel und sogar die größten Störche der Welt, die Jabirus, tummeln sich hier an Land, im Wasser und natürlich auch in der Luft.

Ein derartiges Schauspiel lässt auch einen weit gereisten Globetrotter nicht kalt. Immer wieder hält Klaus den Unimog an, packt die Kamera aus und filmt begeistert die farbenfrohen Szenen.

Während der zehn folgenden Nächte übernachten sie in verschiedenen Pousadas, kleinen Hotels mit angeschlossenen Campingplätzen. Sie haben gerade den Unimog im Schatten einer Pousada geparkt, als der direkt vorbeimäandernde Fluss Klaus auf eine Idee bringt: Wieso nicht einmal selbst das Mittagessen fangen? Im Wasser tummeln sich die Piranhas, die hervorragend schmecken sollen. Doch womit soll er die bissigen Leckerbissen anlocken? Weißwurst! Im Gefrierfach liegen noch einige der Lama-Würste aus La Paz. Und die Piranhas sind verrückt nach der

Gegrillt ist so ein Piranha ein echter Leckerbissen.

bayerischen Spezialität. Schon nach wenigen Minuten hat Klaus so viele Fische gefangen, dass es für zwei opulente Mittagessen genügt.

Die Gegend mit ihrem extremen Kontrastprogramm zu den kargen Anden gefällt den beiden. In den nächsten Tagen unternehmen sie einige Ausflüge mit dem Boot und lernen dabei noch mehr heimische Tierarten kennen. Einmal entdecken sie eine riesige Echse, die durch den Schatten des Unterholzes schleicht. Wasserschweine tummeln sich am Ufer. In den Wipfeln der Bäume schwingen kleine Affen hin und her.

Der Bootsführer macht sich einen Spaß daraus, tote Fische auf einen Bambusstab zu stecken und damit Krokodile aus dem Wasser zu locken. Wie gierige Monster schnellen die Urviecher mit einem Satz aus dem Wasser und schnappen sich ihre leichte Beute.

Doch nicht nur sie: Auch ein hungriger Falke wird von den Ködern angelockt und pickt sich im Flug einen dahintreibenden Fisch aus dem Wasser.

Auf der Fahrt zu einer anderen Pousada bemerkt Sonja die vielen Autos, die am Rand der Piste geparkt sind. Hier muss etwas Besonderes geboten sein, das die Leute zum Anhalten bewegt hat. Der Grund ist eine Anakonda, die ein junger Soldat gefangen hat und den Schaulustigen für ein Foto um die Schultern legt. Ein zweifelhafter Nervenkitzel: Die junge Schlange misst gerade mal zwei Meter, eine ausgewachsene Anakonda wäre bis zu fünf Mal so lang. Da treffen auch schon die Männer von der Forstbehörde ein, die den Soldaten mit Engelszungen überzeugen können, das Tier nach einigen Fotos wieder in das Wasser zu entlassen.

Auf der Weiterfahrt nach Paraguay können sich Sonja und Klaus einen weiteren Abstecher zu den Wasserfällen von Iguaçú nicht verkneifen. Zum vierten Mal stehen sie inmitten der unvorstellbaren herabtosenden Wassermassen, zum vierten Mal sind sie restlos begeistert von diesem Wunderwerk der Natur.

Sie suchen und finden den Camping Internacional und verbringen einige entspannende Tage in Foz do Iguaçú. Ihr Portugiesisch wird von Tag zu Tag besser.

Über die „Brücke der Freundschaft" machen sie einen Abstecher in das benachbarte paraguayische Ciudad del Este. Bei ihrem ersten Besuch vor einem Jahr tobte hier noch der Schmuggel mit all seinen Auswüchsen. Doch die Schar von bewaffneten Grenzsoldaten sorgt jetzt für ein völlig anderes Bild. Die Zäune sind geflickt, die Boote, die unter der Brücke entlangfahren, wirken durchwegs legal. Dennoch ist Ciudad del Este noch immer der drittgrößte Warenumschlagsplatz der Welt. Auch Drogen

Schon an der Grenze nach Paraguay sieht man die unzähligen Geschäfte von Ciudad del Este. Man fragt sich, wer all die Waren kaufen soll.

und Waffen werden hier Tag für Tag in jeder beliebigen Menge gehandelt. Doch die meisten Brasilianer, die gerne hierher zum Einkaufen kommen, interessieren sich vor allem für Elektroartikel und andere kostbare Produkte. Alles gibt es hier zum Schnäppchenpreis, da in Paraguay keine Mehrwertsteuer erhoben wird.

Das mag das Überangebot an allem nur Erdenklichen zumindest ansatzweise erklären. Hier reihen sich zehn Musikgeschäfte aneinander, dort stehen fünf mehrstöckige Warenhäuser Tür an Tür. Fernseher, Kleidung, Parfüm, Computer, Handys, Fotoapparate – überall das gleiche Sortiment, überall in bis zum Bersten vollgestopften Regalen. Auf den Straßen herrscht ein unaufhörliches Hin und Her, ständig kommen neue Lastwagen an, die noch mehr Waren bringen.

Es bleibt schleierhaft, wer all diese Sachen jemals kaufen soll, zumal die brasilianische Regierung die Einfuhr von Waren aus gutem Grund begrenzt hat. Doch kein Gesetz hält einen echten Grenzgänger auf. Auch nicht die Sitznachbarin im Bus, der Sonja und Klaus zurück nach Foz bringt. Als die Grenze immer näher kommt, bekreuzigt sich die Frau und schickt ein Stoßgebet gen Himmel. Kaum ist die magische Linie überquert, springt sie in den vorderen Teil des Busses, zieht ein ganzes Bündel von Paketen aus dem Gepäcknetz und schleppt es an ihren Platz. Offenbar hat sie einiges an Schmuggelgut dabei, das sie aus Angst weit weg von ihrem Sitzplatz deponiert hatte. Ist noch mal gut gegangen.

Insgesamt bleiben sie vier Wochen in Foz do Iguaçú, ehe sie in Richtung Uruguay aufbrechen. Bei Uruguaiana treffen sie auf äußerst gelassene Grenzer. Obwohl Europäer in einem Reisemobil hier wohl nur alle Jubeljahre durchkommen, haben die Männer ruckzuck die richtigen Formulare zur Hand. In weniger als 15 Minuten ist alles erledigt.

Der Besuch in Uruguay dauert nur einige Stunden. Rund 260 Kilometer lang geht die Fahrt durch den ärmlichen Westen des Landes. Karges Weideland und heruntergekommene Dörfer zeichnen ein deutliches Bild der Wirtschaftskrise, die nach Argentinien mittlerweile auch Uruguay heimgesucht hat.

Auch der zweite Grenzübertritt des Tages verläuft ohne Probleme. Stempel, Formulare, Unterschriften, eine kurze Fahrt auf der Brücke über den Río Uruguay, und schon sind sie auf argentinischem Boden. Es ist noch Winter und der Regen prasselt unaufhörlich hernieder. Dennoch steuern sie als erstes die Flyranch südlich von Buenos Aires an, wo sie nach langer Abstinenz mal wieder in ihrem Trike durch die Lüfte schwirren wollen.

Das erste Wochenende auf der Ranch versinkt im Regen. An einen Flug ist nicht zu denken. Doch mit den Tagen kommt auch die Sonne. Als die Wolken eine große Lücke über der Pampa reißen, wagt sich Klaus zum ersten Mal hinaus. Auch Sonja hat die Fliegerlust wieder gepackt. In der nächsten Zeit nutzen sie jede sonnige Stunde.

Es sollten ihre letzten Runden mit dem Ultraleichtflugzeug sein. Klaus spielt schon lange mit dem Gedanken, wieder ein Motorrad auf den Unimog zu packen. Das Trike soll dann verkauft werden.

Auf der Flyranch packen Sonja und Klaus wieder einmal ihr Trike aus und schwirren durch die Lüfte.

Dann beginnt für Sonja und Klaus eine spannende Zeit: Sie fliegen zurück nach Deutschland, um im Winter 2003/04 erstmals mit ihrem Film „Auf Achse – Etappen einer Weltreise" auf Tournee zu gehen. Tausende Besucher sehen die Fahrt „Auf dem Landweg nach Indien" und sind begeistert von dem live von Klaus kommentierten Vortrag.

Der Erfolg ihres ersten Filmes macht ihnen Mut, vor allem aber Lust auf viele weitere Erlebnisse in Südamerika. Als sie beim Anflug auf Argentinien die schneebedeckten Gipfel der Anden in der Ferne erahnen, wird ihnen bewusst, dass sie ihre wahre Heimat nicht am vorigen Tag verlassen haben, sondern vielmehr im Augenblick darauf zuschweben.

Zu Hause sind sie längst nicht mehr im beschaulichen Merching zwischen Augsburg und München. Zu Hause sind sie dort, wo ihr Unimog steht. Dort, wo er sie über staubige Pisten und durch entlegene Dörfer trägt. Ohne es wirklich zu merken, sind sie längst zu echten Kosmopoliten geworden, zu Weltbürgern, deren Weg durch alle Kontinente gleich-

Als Sonja und Klaus aus dem Flugzeug die Anden sehen, wissen sie, dass sie ihr wahres Zuhause in wenigen Stunden erreichen – ihren Unimog.

zeitig das Ziel ihres Schaffens ist.

Freudig stellen sie fest, dass der bei Freunden untergestellte Unimog noch in tadellosem Zustand ist. Nur die Batterie, immerhin schon fünf Jahre alt, wechselt Klaus gegen eine neue aus.

Doch bevor sie sich wieder auf die Straße machen, ruhen sie sich einige Tage von den Strapazen der letzten Monate aus: Plakate aufhängen, Vorträge halten, Plakate abhängen. Und das tagein, tagaus. Die warmen Winde Argentiniens aber schenken ihnen mehr Erholung als jedes europäische Wellness-Hotel. Schon bald hat sie die Reiselust wieder gepackt und der Unimog rollt Richtung Norden.

Es sind Anblicke wie dieser verfallene Leiterwagen, die die Fahrt durch die Pampa so einzigartig machen.

Mit dem Tag ihrer Abfahrt beginnt auch die Zeit des Dauerregens von Neuem. So sind ihre ersten Eindrücke von Uruguay recht trostlos. Vor allem ihre ersten Stunden in Montevideo. Unter der tiefen Wolkendecke wirkt die Hauptstadt wie ein grauer Moloch aus Stein und Beton.

Erst der nächste Morgen zaubert mit jungfräulichem Sonnenschein ein völlig anderes Licht auf die 1,5-Millionen-Metropole. Jeder zweite Bürger Uruguays lebt hier in Montevideo, und das nicht einmal schlecht.

Sonja und Klaus bummeln die größte Einkaufsstraße, die Avenida 18 de Julio, einmal auf und einmal ab. Maler und Zeichner sitzen entlang der Straße und laden zu Kostproben ihrer Kunst ein. Mal deuten sie auf kitschige Aquarelle, mal aber auch auf originelle Karikaturen von aus-

Auch in Punta del Este gräbt sich eine steinerne Hand aus dem Wüstensand. Anders als in der chilenischen Atacama sind hier in Uruguay aber nur die Fingerspitzen zu sehen.

ländischen Touristen. Am Ende der Straße stoßen sie auf eine Plaza, die gerade zum Schauplatz eines bunten Flohmarktes wird. Hunderte von emsigen Hobbykaufleuten sind gerade dabei, ihre Stände mit allerlei Schönem und Nutzlosem zu dekorieren.

An allen Ecken brutzeln Fleischstücke jeder nur erdenklichen Größe auf den Grillrosten der „Asado"-Stände. Fleisch ist auch in Uruguay das wichtigste Nahrungsmittel, auch wenn zwischen den Steaks und Kutteln schon mal eine Paprika vor sich hin gart.

Ein gegrillter Fleisch- und Gemüsegruß aus Montevideo.

Vor der Touristeninformation am Hafen liegt noch ein gut erhaltener Teil der „Graf Spee". Auch der Besuch des „Mercado del Puerto", des Hafenmarktes, gehört zum Tagesprogramm.

Dann klettern sie wieder in den Unimog und fahren die viele Kilometer lange Ha-

fenpromenade entlang. Auf diesem Weg gelangen sie auch nach Punta del Este, dem teuersten und exklusivsten Badeort Südamerikas. Zur Urlaubszeit bezahlt man hier für eine Ferienwohnung 1000 Euro in der Woche und mehr.

Am Strand begegnet ihnen eine wohlbekannte Skulptur: Wie in der Atacama erhebt sich eine steinerne Hand aus dem Sand. Kein Déjà-vu, sondern wie die „Mano del Desierto" in der Atacama ein Werk des chilenischen Künstlers Mario Irarrázabal. Doch sind hier lediglich die Fingerspitzen zu sehen, während sich beim Pendant in der Wüste eine fast komplette Hand aus dem Sand reckt.

Eine knappe Woche genießen sie die zu dieser Zeit fast menschenleere Küste, ehe sie wieder Richtung Norden aufbrechen. Zwei Tage lang geht es durch endloses Weideland, auf dem Schafe und Rinder genügsam grasen. In Arapey, gut 100 Kilometer vor der brasilianischen Grenze, gelangen sie zu einem Campingplatz, dessen Pool-Landschaft von einer Thermalquelle gespeist wird. Das Wasser soll gegen jegliche Leiden heilend wirken.

So genießen Sonja und Klaus die nächsten Tage im 42 Grad heißen Sprudelbad mit herrlicher Aussicht auf den Río Uruguay. Nachts funkeln die Sterne über ihnen. Aus dem Wasser steigen sie erst, als sie die Augen kaum noch offen halten können.

Samba in Bahia

Der Wetterbericht droht mit neuen Regengüssen. Höchste Zeit zum Aufbruch. An einem einzigen Tag überqueren Sonja und Klaus gleich drei Grenzen: Erst von Uruguay nach Brasilien, dann von Brasilien nach Argentinien und zu guter Letzt bei Encarnación von Argentinien nach Paraguay.

In Hohenau, einer von deutschen Einwanderern gegründeten Stadt, suchen und finden sie den Parque Manantial, wo die deutschstämmigen Besitzer interessante Ausflüge organisieren. Wer will, kann auf dem Pferd das riesige Gelände des Parks erkunden oder mit dem Kleinbus zu einer nahegelegenen Mate-Fabrik fahren. Auch der Besuch einer Jesuiten-Mission darf hier im Süden Paraguays nicht fehlen.

Um einige neue Eindrücke reicher rollt der Unimog wieder einmal auf die Brücke der Freundschaft in Ciudad del Este, diesmal in Richtung Brasilien. Stundenlang stehen sie im Stau, weil es die Brasilianer offenbar inzwischen ernst meinen mit dem Kampf gegen den Schmuggel.

Sie bleiben einige Tage bei Bekannten in Foz und hoffen auf besseres Wetter. Fast pausenlos fällt der Regen. Im äußersten Süden Brasiliens soll es sogar geschneit haben. Nachts liegen die Temperaturen um den Gefrierpunkt. Die Fernsehbilder zeigen jeden Tag neue Katastrophen durch Erdrutsche und Überschwemmungen.

Doch schlechtes Wetter kann zwei Weltreisende nicht aufhalten. Sie brechen auf zu einer der längsten Etappen ihrer Fahrt. Quer durch das Land ist Brasília ihr Ziel, die Hauptstadt Brasiliens. Sie nehmen die Transbrasiliana, die immer nordwärts durch unvorstellbar große landwirtschaftliche Anbauflächen führt. Links und rechts der Route

Bild Seite 208/209:
Die Frauen von Bahia sind nicht nur wunderschön, sie tragen auch eine bezaubernde Tracht mit hochaufgesteckten Kopftüchern.

Ananas direkt von der Schubkarre des Erzeugers: Frisch gepflückt sind die zuckersüßen Früchte eine geschmackliche Sensation.

werden Zuckerrohrfelder abgebrannt und so für die Ernte vorbereitet. Stundenlang geht es quer durch Ananas- und Bananen-Plantagen. Die frisch geernteten Früchte kann man direkt am Straßenrand an einem der zahllosen Stände kaufen. Sonja hätte Lust auf eine zuckersüße Ananas, doch der Preis von umgerechnet zwei Euro lässt sie fürs Erste zurückschrecken. Auf mehrmalige Nachfrage stellt sich heraus, dass der Preis für ein ganzes Dutzend gilt. Ein guter Kauf.

Weiter geht es durch gigantische Kaffeeplantagen und Baumwollfelder. Heerscharen von Erntehelfern sind gerade damit beschäftigt, die watteartige Baumwolle zu pflücken. Die abwechslungsreiche Landwirtschaft lässt die Fahrt nie langweilig werden. Einzig der Zustand der Straße selbst nervt von Zeit zu Zeit. Perfekt geteerte Abschnitte wechseln mit maroden Passagen ab, die oft auch noch mit ellentiefen Schlaglöchern durchsetzt sind.

Mitten durch Brasília läuft die „Eixe Monumental". Die Straße hat sechs Spuren in jede Richtung und wird von einem grünen Park geteilt.

Irgendwann sind sie am Ziel. 1700 Kilometer haben sie seit Foz do Iguaçú zurückgelegt, jetzt ist Brasília erreicht. Die Stadt wurde in den 50er-Jahren aus dem Niemandsland gestampft und 1960 als neue Hauptstadt des brasilianischen Staates eingeweiht. Die eigentümlichen Bauten und Skulpturen der Retorten-Metropole wirken futuristisch, fast wie von einer anderen Welt.

Den besten Blick auf die gesamte Stadt, vor allem aber auf den üppig bebauten Regierungsbezirk, hat man vom Fernsehturm aus. Dieser steht auf einem Grünstreifen, der sich inmitten der „Eixe Monumental" erstreckt. Diese Straße trägt ihren Namen zurecht, führen doch in jede Richtung allein sechs Fahrspuren.

Der Nationalkongress von Brasília.

Entlang dieser Magistrale stehen zahlreiche Bauten vom Reißbrett des Architekten Oscar Niemeyer, unter anderem die Kathedrale, das Pantheon

und der Nationalkongress. In dessen beiden halbkugelförmigen Teilen tagen die beiden Kammern des brasilianischen Parlaments. Auf ihrer Besichtigungstour dürfen Sonja und Klaus sogar das Büro des derzeitigen Präsidenten Lula betreten.

Ein Stück weiter befindet sich das „JK-Denkmal" zu Ehren des Stadtgründers und einstigen Präsidenten Juscelino Kubitschek. Im Inneren des Denkmals befinden sich zahlreiche private Erinnerungen an Kubitschek und seine Frau, darunter Fragmente seiner privaten Bibliothek – inklusive einer Originalausgabe von Shakespeare. Den Höhepunkt bildet der schwarze Sarkophag, in dem der Präsident bestattet ist.

Ein weiterer Fahrt-Marathon steht den Beiden bevor: Sie wollen an die Küste, die wiederum 1700 Kilometer von Brasília entfernt ist.

Wer auf den großen Routen Südamerikas unterwegs ist, übernachtet am besten an einem der gigantisch wirkenden Rastplätze. Nicht nur Fernfahrer finden hier alles, was sie brauchen: Autowaschplatz, Werkstätten, Reifenflicker, Restaurants, Friseure und natürlich die unvermeidlichen Aufenthaltsräume mit laufendem Fernseher.

Auf dem Weg zur Küste durchqueren sie das Gebiet Chapada Diamantina, ein bergiger Landstrich, der einst aufgrund reicher Diamantvorkommen ein Eldorado für Glücksritter aus ganz Südamerika war. Aus dieser Zeit stammen auch die meisten der kleinen Ortschaften, deren beste Zeiten freilich schon lange vorbei sind.

Das Städtchen Lençóis mit seinen bunten Häuserfassaden hat es Sonja und Klaus angetan. Sie parken den Unimog und bleiben hier für einige Tage. In der Umgebung gibt es einige schöne Badeplätze und Wasserfälle, die zu Fuß zu erreichen sind. Die Einfachheit des Lebens in dieser Region, verbunden mit der ehrlichen Fröhlichkeit der Bewohner macht ihnen bewusst, dass sie in einem ganz anderen Brasilien angekommen sind. Die Haut der Menschen ist deutlich dunkler als im Süden des Landes, dafür ist der Rhythmus im Tagesablauf wesentlich langsamer und gemütlicher. In der großen Hitze haben alle Geschäfte mittags geschlossen, die Menschen ziehen sich in ihre Häuser zurück. Nur einige ältere Frauen sitzen im Schatten der kleinen Hütten und führen muntere Plaudereien.

Von Lençóis aus sind es noch zwei Tage bis Salvador. Dabei handelt es sich nicht nur um die Hauptstadt des Bundesstaates Bahia, sondern

Salvador de Bahia ist so etwas wie die inoffizielle Hauptstadt der Afro-Brasilianer.

auch um so etwas wie die inoffizielle Hauptstadt der Afro-Brasilianer. Zwei Drittel aller Einwohner Salvadors stammen von den Sklaven ab, die vom 16. bis weit ins 19. Jahrhundert aus Afrika hierher verschleppt wurden. Damit leben hier im Durchschnitt 15 Mal so viele Schwarze wie im Rest des Landes.

Für ein kleines Trinkgeld lassen sich die „Bahianas“ gerne fotografieren.

Salvador ist eine wunderschöne Stadt, wie dem Traum eines begnadeten Architekten entsprungen. Im Jahr 1985 erklärte die UNESCO das historische Zentrum zum Weltkulturerbe. Die meisten der zahllosen Prachtbauten stammen aus dem 16., 17. und 18. Jahrhundert. Liebevoll werden die Häuser gepflegt und regelmäßig in bunten Farben restauriert. An kaum einem anderen Ort der Welt macht es so viel Spaß, durch die Gassen der Altstadt zu bummeln und die Waren der unzähligen Souvenirläden zu bewundern.

Bewundert wollen aber auch die „Bahianas“ werden, die Frauen von Bahia. In ihren traditionellen Trachten, die sehr an ihre afrikanischen Wurzeln erinnern, flanieren sie auf der „Praça da Sé“ und lassen sich für ein Trinkgeld mit den Touristen fotografieren. Dabei sind sie doch ohne Europäer auf einem Foto ein viel größerer Augenschmaus…

Charakteristisch sind die weißen, mit Goldfaden bestickten Kleider, an denen oft lange Fransen baumeln. Um den Hals tragen die Frauen Ketten mit bunten Holzperlen. Auf dem Kopf aber sitzt die „Krönung“ ihrer Tracht, kunstvoll zu einer Art Turban aufgesteckte Tücher in allen Farben des Regenbogens.

Palmenhaine und dahinter endlose weiße Sandstrände: Bahia ist das Paradies, von dem so viele Urlauber träumen.

Allerdings haben es die Strände Bahias nicht schwer, mit dieser Schönheit zu konkurrieren. Umgeben von Kokospalmen ziehen sich die schneeweißen Sandbuchten entlang des saphirblauen Meeres, so weit das Auge reicht. Sonja und Klaus haben die herrlichen Tage unter den Palmen von Goa noch nicht vergessen. Mit großen Erwartungen suchen sie sich ein schönes Plätzchen am Strand und werden nicht enttäuscht. Sonne, Meer und Palmgewedel – wieder sind sie dem Paradies ein Stückchen näher gekommen.

Von hier aus besuchen sie das Tamar-Schildkrötenprojekt in Praia do Forte. Zahlreiche Stationen entlang der brasilianischen Küste wachen darüber, dass sich der Bestand der einst fast ausgerotteten Meeresschildkröten wieder erholt. Fünf verschiedene Arten sind in Bahia heimisch. In einem großen Becken sind Exemplare aller Arten vereint. Sonja und Klaus sind erstaunt über die beachtliche Größe der Tiere.

Schließlich führt sie ihr Weg wieder südwärts. 4300 Kilometer liegen vor ihnen, darunter auch ein Abstecher nach Rio de Janeiro. Doch als sie die berühmteste Stadt Brasiliens erreichen, liegt sie unter einer dicken Dunstglocke. Der Zuckerhut und auch die Christus-Statue auf dem Corcovado sind nur schemenhaft zu erkennen.

Im weiteren Streckenverlauf schneiden sie auch São Paulo. Die wirtschaftliche Metropole des Landes gilt als größte Stadt Südamerikas, ja sogar als die drittgrößte der Welt. Jedes Jahr kommen zigtausend Menschen aus dem Umland hierher, auf der Suche nach Arbeit. Doch alles was sie finden ist ein Dreckloch am Straßenrand, irgendwo in einem der vielen Armenviertel der Stadt.

Hinter Curitiba stoßen sie wieder auf die Küste, an der sie nun immer weiter nach Süden entlangfahren. Zehn Tage nach ihrer Abfahrt in Salvador taucht die Grenze zu Uruguay vor ihnen auf.

Ihr nächster Besuch im kleinsten der drei La-Plata-Länder Argentinien, Paraguay und eben Uruguay beginnt so, wie der letzte aufgehört hat. In Arapey steuern sie den Campingplatz nahe den Thermalquellen an und lassen sich für zwei Wochen hier nieder. Der Platz verfügt über eine ausgezeichnete Infrastruktur, ideal, um die nächste Vortragsreihe ihres „Indien"-Filmes in Deutschland zu organisieren. Dann stellen sie den Unimog bei Freunden in der Nähe von Buenos Aires unter und steigen in den Flieger nach Frankfurt.

Auch diese Tournee wird ein riesiger Erfolg. Viele kommen, um den Film ein zweites Mal zu sehen und fragen neugierig nach einem Streifen über die Südamerika-Reise.

Erst sechs Monate später kehren Sonja und Klaus zu ihrem Auto zurück. Nie zuvor hatten sie den Unimog so lange allein gelassen. Als der ohne jede Macke sofort anspringt, umfängt sie das warme Gefühl, wieder zu Hause zu sein. Sie nutzen die ersten Tage, um sich für die kommende Zeit mit Vorräten einzudecken. Lebensmittel kaufen sie in der nahe gelegenen Kleinstadt Brandsen. Hier geraten sie gleich in eine Polizeikontrolle. Die Beamten sehen offenbar zum ersten Mal in ihrem Leben einen internationalen Führerschein. Mit leeren Augen blicken sie auf das exotische Dokument. Doch ein netter Abendgruß und ein freundlicher Blick überzeugen sie von der Glaubwürdigkeit der beiden großgewachsenen Europäer und sie verabschieden sich höflich.

Als Sonja und Klaus eine halbe Stunde später voll beladen aus dem Supermarkt kommen, werden sie von einem argentinischen Fernsehteam abgepasst. Sie haben den Unimog bereits von allen Seiten gefilmt und öffnen nun ein dickes Paket Fragen an die beiden Reisenden. Wie immer in Südamerika wollen die hektischen Reporter so gar nicht ins übrige Bild passen. Leider finden Sonja und Klaus keine Gelegenheit, den Beitrag im TV zu sehen.

Vor ihrer nächsten Fahrt kehren sie noch einmal nach Buenos Aires zurück. Hier warten sie auf ihren neuen Reisegefährten – ein geländegängiges Motorrad, das den Platz des bereits verkauften Trikes am Heck des Unimogs einnehmen wird.

Dazu müssen sie in Buenos Aires einen Stapel Papiere ausfüllen. Am Hafen von La Boca sei das Motorrad abholbereit. Und so ist es auch. Originalverpackt und unbeschädigt steht das schöne Stück vor Klaus und Sonja, die am liebsten gleich damit kreuz und quer über den Hafen gekurvt wären. Doch der argentinische Zoll hat andere Pläne. Als alle Formulare ausgefüllt und unterschrieben sind, darf Klaus mit dem Zweirad das Tor passieren, während Sonja den Hafen zu Fuß durch die Sicherheitsschleuse verlassen muss. Dann aber nichts wie aufgesessen.

Ihre erste Spritztour führt sie raus aufs Land. Sie haben einen Riesenspaß, obwohl es auf dem schwer bepackten Motorrad alles andere als bequem zugeht. Statt des Trikes wollen sie demnächst ein doppelsitziges Ultraleichtflugzeug mit sich führen. Es steht schon in Deutschland bereit und soll im nächsten Jahr die Nordamerika-Tour gemeinsam mit ihnen beginnen.

Während Klaus dem Unimog neue Stoßdämpfer einsetzt und Sonja über ihrer weiteren Route durch Brasilien, Venezuela und Kolumbien sitzt, überkommt sie eine tiefe Wehmut. Werden sie alle die Freunde, die

Auf „vertrauenserweckenden“ Pisten wie diesen geht es quer durch den brasilianischen Amazonas.

sie in den letzten vier Jahren kennen und lieben gelernt haben, jemals wiedersehen? Werden sie je wieder durch die endlose Pampa Argentiniens, durch das idyllische Seengebiet im Süden Chiles oder durch die mächtigen, schneebedeckten Anden fahren?

Das trübe Wetter passt zu ihrer Stimmung, als sie die Flyranch ein letztes Mal verlassen. Auf dem Weg nach Brasilien nehmen sie auch von den Thermalquellen bei Arapey mit einem ausgedehnten Bad Abschied.

Ihr Weg in das Amazonas-Gebiet führt sie wieder durch endloses Farmland. Mehrmals müssen sie aufgrund von Streikaktionen und Straßensperren die Route wechseln. Dann weist ein Schild auf ihr Etappenziel Santarém in 1764 Kilometern hin. Die Piste gilt nur in der Trockenzeit als passierbar. Sollte es regnen, droht eine qualvolle Schlammschlacht, schlimmer noch als damals im paraguayischen Chaco. Tatsächlich endet die Ausbaustraße an der Grenze der Bundesstaaten Mato Grosso und

Pará. Die Teerdecke weicht einer Piste, auf der es selten schneller als mit 20 km/h vorwärts geht. Immer wieder führt sie bergauf, immer wieder führt sie bergab. Oft sind die Furten durch Flüsse und Bäche lediglich mit Holzbrettern ausgelegt. Andere Brücken bestehen nur noch aus ihrem Unterbau. Der ist aber zu schmal für einen Lkw. Klaus muss seine ganze Konzentration zusammenpacken, um den Unimog über die wackligen Konstruktionen zu steuern.

Sie haben das Amazonas-Tiefbecken erreicht, doch vom größten Regenwald der Welt ist weit und breit nichts zu sehen. Das Gebiet wurde in den letzten Jahrzehnten weiträumig abgeholzt, um Viehweiden für die Großzüchter zu schaffen.

Erst im Lauf der Tage wird der Wald dichter, gleichzeitig klettert das Thermometer auf 30 bis 40 Grad. Auch nachts wird es nie kühler als 25 Grad. So langsam aber sicher wächst das Gefühl, im Urwald angekommen zu sein. Nur die vielen deutsch sprechenden Einwohner passen so gar nicht ins Bild. Das gelingt schon eher den riesigen Rinderherden, die immer wieder den Weg des Unimogs kreuzen.

Sechs Tage geht es so dahin, ehe sich die Piste für die letzten 95 Kilometer nach Santarém wieder in eine geteerte Straße verwandelt. Nie hätten Sonja und Klaus gedacht, dass sie die lehmige Strecke je vermissen würden. Doch hatten sie auf der Piste weit mehr Dschungel-Atmosphäre als jetzt, da sie auf Asphalt der üppigen Landschaft entfliehen.

In der Stadt gönnen sie als allererstes ihrem Auto ein ausgiebiges Bad. Drei Männer sind eine geschlagene Stunde mit dem Putz beschäftigt. Doch nach getaner Arbeit ist von den fast 1000 Kilometern durch den roten Schlamm des Amazonas-Tiefbeckens nichts mehr zu sehen.

Zeit, sich nach einem Schiff umzusehen. Sie suchen eine Reederei, die Passagiere und Autos zusammen auf einem Boot transportiert. Sie werden von einem Büro zum nächsten weiterempfohlen, doch am Ende finden sie genau, was sie suchen: Schon wenige Stunden später trägt sie ein Frachter, Balsa (Floß) genannt, den Amazonas flussaufwärts bis nach Manaus. Im Sonnenuntergang legt der Transporter ab, der aus zwei aneinandergeketteten Plattformen sowie einem dahinter gekoppelten Schubschiff besteht. Sonja und Klaus haben ihren Unimog auf der vorderen Plattform abgestellt, wo sich ihnen ein bewegendes Panorama bietet.

Gleich nach dem Frühstück packen sie ihre Campingstühle aus und setzen sich an den Bug der Balsa. Der Kapitän steuert das Schiff dicht am Ufer entlang, sodass die Fahrt von den unterschiedlichsten Vogelgesängen aus den Zweigen der Bäume begleitet wird. Sonja traut ihren Augen kaum, als sie auf einmal zwei Delfine neben dem Schiff sieht. So schnell, wie sie aufgetaucht sind, verschwinden sie auch wieder. Sonja will sich vergewissern, dass sie nicht geträumt hatte, da kommt es noch bunter: Eine ganze Schar rosafarbener Flussdelfine begleitet mit einem Mal das Boot. Immer mehr ihrer Artgenossen machen mit ihren kunstvollen Sprüngen alleine schon den Preis für die Überfahrt wett. Klaus hätte fast das Filmen vergessen, so sehr faszinieren ihn die ebenso intelligenten wie sportlichen Tiere.

Von der Plattform der Balsa haben Sonja und Klaus einen traumhaften Blick auf den Amazonas.

Nur zwei Mal am Tag werden sie aus ihrer Amazonas-Idylle aufgeschreckt: Nämlich dann, wenn der Schiffskoch mit seiner Trillerpfeife zum Mittag- und Abendessen ruft. Dann setzen sich Sonja und Klaus mit den vier anderen Passagieren, brasilianischen Fernfahrern, an einen Tisch und plaudern angeregt mit den Männern, von denen einer sogar ein passables Deutsch spricht.

Ab dem dritten Tag an Bord ändert sich die Landschaft entlang der Ufer. Offensichtlich herrscht Hochwasser, denn viele der auf Stelzen gebauten Häuser stehen bis direkt unter die Terrasse im Wasser. Auf den hölzernen Plattformen tummeln sich Hunde und Hühner. Kinder winken den Reisenden lachend zu.

Als sie eine Stunde vor Mitternacht Manaus erreichen, steht für sie fest: Diese Schifffahrt war einer der absoluten Höhepunkte der gesamten Südamerika-Reise. Eine Nacht bleiben sie noch an Bord der Balsa, erst gegen zehn Uhr des folgenden Tages fahren sie an Land. Die ersten Minuten

Am Hafen von Manaus herrscht ein nie endendes Treiben. Pausenlos laufen Schiffe ein und aus und wechseln ihre Fracht.

Sonja im Norden, Klaus im Süden – der Äquator macht's möglich.

in der Großstadt sind wie ein Schock – Hupkonzerte auf sechsspurigen Straßen statt lautloses Dahingleiten auf dem Amazonas. Sie parken den Unimog in einem Vorort und nehmen den Bus in die Stadt, die dann doch noch ihren Charme offenbart. Im Hafen sehen sie dem Treiben der Arbeiter zu. Pausenlos legen Schiffe an und ab, werden be- und entladen, ehe sie sich auf ihren nassen Weg zu den vielen kleinen Fischerdörfern stromauf- und stromabwärts machen.

Doch bald haben sich Sonja und Klaus an der Stadt sattgesehen. Sie fahren weiter Richtung Norden, Venezuela entgegen. Rund 200 Kilometer vor der Grenze überqueren sie den Äquator. Gut dreieinhalb Jahre sind mittlerweile vergangen, seit sie sich zum ersten Mal auf der Südhalbkugel wiederfanden, damals an Bord der „Repubblica di Genova". Jetzt werden sie die so liebgewonnene südliche Hälfte unserer Erde vorerst nicht mehr wiedersehen. Zu Fuß überqueren sie die magische Linie. Eben waren sie noch auf der Südhalbkugel, ein Schritt nach vorne, und sie sind im Norden. Der Äquator macht's möglich.

In Boa Vista machen sie letzte Besorgungen und aktualisieren im Internet-Café ihre Homepage. Dann fahren sie ohne Pause durch bis zur Grenze nach Venezuela.

Bild Seite 224/225:
Brasilianische Gauchos ziehen mit ihren Rinderherden durch die abgeholzten Landstriche des Amazonas-Tiefbeckens.

ALEMANIA
GERMANY
AIC UD 50

Hasta luego, Sudamérica!

Der Grenzposten ist eine einzige Baustelle. Kräne hier, Bagger da, und dazwischen die strengen Anweisungen autoritärer Bauingenieure. Das Zollgebäude ist bereits fertig und bezogen. Jedoch nicht die Migración, sodass Sonja und Klaus zuerst in die 15 Kilometer entfernte Stadt Santa Elena fahren müssen, um ihre Reisepässe abstempeln zu lassen. Dann geht es zurück zum Zoll, wo ihnen ein wohlwollender Beamter ohne weitere Fragen die Fahrzeugpapiere ausstellt.

Erste Station in Venezuela ist eine Tankstelle, der Diesel geht schon bedrohlich zur Neige. Das hat einen Grund: Da die Spritpreise in Venezuela weit günstiger sind als in Brasilien, hat Klaus auf einen Tankstopp jenseits der Grenze verzichtet. Leider ist er nicht der einzige Schnäppchenjäger in dieser Region. Schon an der ersten Tanke drängen sich gut 100 Fahrzeuge vor den Zapfsäulen. Es sind vor allem Brasilianer, die hier einen lukrativen Tanktourismus betreiben. Während sie in ihrem Heimatland etwa 65 Cent pro Liter Diesel berappen müssen, kostet die gleiche Menge hier nur gut sechs Cent. Da lohnt sich der Umweg über die Grenze. Einheimische haben es noch besser: Sie bezahlen nur zwei Cent!

Aber was nützt der schönste Preisvorteil, wenn man stundenlang warten muss? Glücklicherweise gilt für Sonja und Klaus eine Sonderregel: Ausländer, die ins Landesinnere weiterfahren wollen, dürfen an der Schlange vorbei und sich ohne Wartezeit den Tank füllen – allerdings höchstens 50 Liter. Das genügt aber bis zur nächsten Tankstelle, und ganz so eilig mit der Weiterfahrt haben sie es ohnehin nicht.

Santa Elena ist ein idealer Standort für Tagesausflüge in die Gran Sabana. Auf einem Campingplatz finden sie einen sicheren Stellplatz für den Unimog, dann satteln sie um auf ihr neues Motorrad. Als Erstes trägt es sie zur Quebrada de Jaspe. Dieses Flussbett besteht auf mehreren Hundert Metern vollständig aus dem rötlichen Halbedelstein Jaspis. Durch das seichte, dahinplätschernde Wasser glitzert der Untergrund in allen erdenklichen Rot- und Brauntönen, die sich in wunderschönen abstrakten Mustern ineinander winden.

Auf dieser Fahrt bekommen sie schon einen Vorgeschmack auf die steppenartigen Weiten der Gran Sabana mit ihren großzügig verteilten Tafelbergen. Unbedingt wollen sie noch tiefer in diese herrliche Landschaft eintauchen.

So brechen sie am folgenden Tag früh mit dem Motorrad auf und fahren entlang der brasilianischen Grenze zu dem kleinen Ort El Paují. Der Reiseführer beschreibt das Dorf als ein Eldorado für Hippies und Aussteiger, die hier ihre Heimat gefunden haben.

Der Weg dorthin hat seine Tücken. Nach 20 Kilometern Asphalt verwandelt sich die Straße mit einem Mal in eine Schotterpiste, noch schlechter als die im Amazonas-Tiefbecken. Immer wieder kippt das Motorrad in die Schlaglöcher, bleibt Klaus in einer der Längsrillen im Boden hängen. Der dichte Regenwald gibt keinerlei Blicke auf die Gran Sabana frei.

Die geländegängige 350er Enduro eignet sich hervorragend, um die Weiten der Gran Sabana zu erforschen.

Dafür taucht endlich das als Aussteiger-Zentrum gepriesene Dorf vor ihnen auf. Mit einem Wort: ausgestorben. Außer einem kleinen Imbiss sind alle Unterkünfte und Restaurants geschlossen, es scheint, als hätte El Paují seine lebendigen Tage längst hinter sich gelassen.

Immerhin schmeckt das Essen, und den eigentlichen Leckerbissen haben sie sich als Nachtisch aufgehoben. Sie fahren zum „Salto Catedral", einem Wasserfall, der sich in ein kleines rötliches Becken, umgeben von Felsen und sattgrünen Pflanzen, ergießt. Hier nehmen sie ein erfrischendes Bad und bewundern den Wasserfall, der mitten aus der Felswand zu schießen scheint.

Sie campieren in der freien Natur und kehren am nächsten Tag bestens erholt zurück. Doch schon bald haben sie Gegenverkehr: Das alljährliche Radrennen von Santa Elena nach El Paují ist auf seinem Höhepunkt. Das Ziel schon fast vor Augen, haben die Spitzenfahrer wenig für entgegenkommende Motorräder übrig. Es geht nur um den Sieg. Etwas gelassener

Ein Hauch von San Francisco: In der hübschen Altstadt von Ciudad Bolívar geht es steil bergauf und bergab.

geht es im hinteren Teil des Feldes zu, wo die Fahrer aufrecht im Sattel sitzen und sich angeregt unterhalten.

Morgens steht Bruno am Fluss und bläst in sein Alphorn.

Auf der Weiterfahrt in Richtung Norden parken sie den Unimog im Goldgräberstädtchen El Dorado. Hier machen sie sich gleich auf die Suche nach dem Schweizer Glücksritter Bruno, der direkt am Fluss ein Restaurant mit Campingplatz betreibt. In El Dorado ist Bruno bekannt wie ein bunter Hund, war er doch viele Jahre Mitglied der venezolanischen Guardia Nacional und als solcher auch Aufseher über das berüchtigte Gefängnis des Ortes, das einst dem Schriftsteller Henri Charrière als Vorlage für seinen weltberühmten Roman „Papillon" diente.

Im Sonnenaufgang sieht man Bruno häufig am Fluss in sein langes Alphorn blasen, dessen Klang auf dem Wasser widerhallt. Es sind genau diese Sonderlinge, die eine kleine Stadt wie El Dorado zu einer unvergessenen Station einer Weltreise machen.

Deren nächste ist das weitaus größere Ciudad Bolívar, ein hübsches Städtchen mit einer liebenswert bunten Altstadt. Am Stadtrand betreiben die deutschen Auswanderer Maria und Peter Rothfuss die Posada „La Casita" und bieten über die Agentur „Gekkotours" erlebnisreiche Ausflüge mit dem Flugzeug an. Sonja und Klaus würden gerne die Tafelberge, vor allem aber den Salto Ángel, den höchsten Wasserfall der Welt, von oben sehen.

Leider hat das Wetter erst einmal andere Pläne. Es ist Winter in Venezuela. Das bedeutet: Regen. Nicht ständig. Aber wenn, dann heftig.

Regen heißt aber nicht, dass es auch gleichzeitig kalt wird. Im Gegenteil. Das Thermometer bringt es auch im Schatten auf bis zu 40 Grad, nach einem Regenguss sind es nur für kurze Zeit etwa zehn Grad weniger. Gut, dass die Posada auch einen Pool hat. Sonja und Klaus würden das Becken am liebsten gar nicht mehr verlassen, böte „La Casita" nicht noch eine ganze Reihe anderer Möglichkeiten zum Zeitvertreib.

Neben einem kühlen Bier und der wirklich schmackhaften Küche kann man sich jederzeit im Internet bewegen oder einfach die nette Gesellschaft unter den Gastgebern und den anderen Besuchern genießen.

So vergehen zwei Wochen wie im Fluge, ohne wirklich geflogen zu sein. Das holen sie jetzt aber nach. In einer kleinen, sechssitzigen Maschine heben sie ab nach Canaima. Dort machen sie einen kleinen Zwischenstopp zum Mittagessen. Zur Verdauung geht es mit dem Boot hinaus auf die große Lagune, in die sich vier Wasserfälle ergießen.

Dann klart der Himmel noch weiter auf. Der Pilot erhält das O.K. zum Flug über den „Salto Angel". Die Wolken hängen tief, nehmen aber nur zum Teil die Sicht auf die umliegenden Tafelberge. Sie fliegen dicht am zerklüfteten Felsen entlang, der zum Greifen nahe scheint.

Der Pilot zeigt sein ganzes Können, verzichtet aber zur Freude von Sonja und Klaus auf gewagte Kunststücke. Stolz erzählt er Wissenswertes über seine Heimatregion. Dann biegt er um einen Felsvorsprung und ein unglaubliches Schauspiel tut sich unter ihnen auf: Fast 1000 Meter tief stürzt das Wasser des „Salto Angel" die Felswand hinab, ehe es sich unten in der Schlucht in einer gewaltigen Gischt wieder nach oben wirft. Es zieht den Betrachter förmlich direkt hinein in die fallenden Fluten, die so unwiderstehlich ihrer Bestimmung folgen.

Vier Wasserfälle ergießen sich in die Lagune von Canaima.

Im Jahr 1937 ist der Amerikaner Jimmy Angel mit seiner einmotorigen Propeller-Maschine auf dem Bergrücken

Wer die Umgebung von Canaima in ihrer ganzen Pracht erleben möchte, lässt sich am besten in einem Flugzeug darüber hinwegtragen.

gelandet. Ihm und seinem Wagemut zu Ehren trug der Wasserfall fortan seinen Namen.

Der Pilot fliegt dicht an den tosenden Wassern vorbei und dreht eine gekonnte Schleife, ehe er Sonja und Klaus noch einmal über das gewaltige Schauspiel hinwegschweben lässt. Für einen Augenblick scheinen sie über dem Abgrund in der Luft zu stehen. Dann geht der Pilot tiefer und fliegt durch die Schlucht zurück nach Ciudad Bolívar.

In „La Casita" angekommen, sind Sonja und Klaus überglücklich, so lange auf die Gelegenheit zu diesem Flug gewartet zu haben. Zwei Wochen sind auch für einen Weltreisenden keine kurze Zeit. Andererseits hatten sie zwischen Pool und Kaffeeklatsch kaum bemerkt, wie die Tage an ihnen vorbeirauschten. Tief bewegt von diesem Ausflug nehmen sie Abschied von Maria und Peter. In zwei Wochen geht ihr Schiff, das sie von Kolumbien nach Costa Rica bringen soll.

Bei Maracaibo im Nordwesten Venezuelas überqueren sie die Grenze zu Kolumbien. Ein letztes Mal genießen sie die freundliche, unkomplizierte Abfertigung am Zoll, wie sie sie fast überall in Südamerika kennengelernt hatten. Die Grenzer verzichten sogar auf den obligatorischen Blick in den Unimog.

Gut gelaunt fahren sie weiter und bemerken, wie das Klima sich weiter verändert. Sie sind nicht weit von der karibischen Küste entfernt. Palmen und warme Winde bestimmen die Atmosphäre. Und Warnungen vor militanten Gruppierungen.

Vor allem der Abschnitt von Maracaibo nach Maicao gilt als äußerst gefährlich. In ihrem Auto fühlen sich Sonja und Klaus aber sicher, so verzichten sie auf einen Umweg zu ihrem nächsten Ziel Cartagena.

Ein gutes Gefühl geben ihnen auch die zahlreichen Polizei- und Militärkontrollen auf dem Weg. Ganz anders als in vielen Filmen und Berichten dargestellt, sind die uniformierten Staatsdiener immer höflich und geben sehr bereitwillig Auskunft zu allen Fragen. Nie versucht ein übereifriger Beamter, sie mit an den Haaren herbeigezogenen Vorwürfen in die Enge zu treiben.

So gelangen sie schließlich direkt an die Küste. An einem einsamen Strand suchen und finden sie einen Stellplatz nach ihrem Geschmack: schneeweißer Sand, Kokospalmen und Ruhe, Ruhe, Ruhe. Daran ändert auch die Tatsache nichts, dass der Strand in der Sierra Nevada de Santa Marta liegt, die als Guerilla-Gebiet berüchtigt ist. Daher kontrolliert das Paramilitär die Sicherheit in den Ortschaften, aber auch am Meer.

Klaus knüpft gerade seine Hängematte zwischen zwei Palmen auf, als ihn aggressive Stimmen aus seinen Gedanken reißen. Als er sich umdreht, sieht er drei junge Männer, die ihn mit stechenden Blicken anvisieren und dabei in ihre Funkgeräte brüllen.

Als Klaus auf die Männer zugeht, erklären sie, dass sie zu den „Autodefensas", also den Paramilitärs gehören und unter anderem diesen Strand zu bewachen haben. Der Grundbesitzer bestätigt das und löst das Missverständnis auf. Fortan bemerken sie immer mindestens einen der

Autodefensas, wie er im Verborgenen den Strandabschnitt kontrolliert und ihnen so ein sicheres Gefühl gibt.

An diesem Strand genießen Sonja und Klaus ihre letzten Badetage in Südamerika. Sie sind noch bestens mit Lebensmitteln und Trinkwasser versorgt, sodass sie ihr neu gewonnenes Paradies nicht einmal zum Einkaufen verlassen müssen.

Von früh bis spät liegen sie im Schatten der Kokospalmen, kühlen sich im Wasser ab oder nehmen vor dem Unimog eine kleine Mahlzeit zu sich. Am Abend genießen sie das farbenfrohe Panorama der in der Karibischen See untergehenden Sonne.

Abschied nehmen fällt hier besonders schwer, doch das Schiff wird nicht auf zwei Deutsche warten, die sich am Strand verbummelt haben. Sie brechen auf zu ihrer definitiv letzten Station auf dem südamerikanischen Kontinent, den sie so lieb gewonnen haben.

Cartagena ist nur 250 Kilometer entfernt.

An diesem Strand finden Sonja und Klaus ein letztes kleines Paradies in Südamerika, bevor sie in Cartagena nach Costa Rica einschiffen.

Auf dem Weg dorthin werden sie immer wieder von Militärposten kontrolliert. Sämtliche Brücken, Straßenkreuzungen und Ortschaften werden überwacht. Doch auch hier kommen Sonja und Klaus nie in missverständliche Situationen. Die Männer wollen meist nur wissen, ob sie tatsächlich aus Deutschland kommen, wie es auf dem Auto steht, und wünschen ihnen eine gute Weiterreise.

Als sie in Cartagena erreichen, bleiben ihnen noch einige Tage, bis ihr Schiff ablegt. Daher suchen sie einen sicheren Stellplatz für das Auto. Sie versuchen ihr Glück zunächst auf der Halbinsel Bocagrande. Auf dieser Halbinsel treffen sich die Reichen und Schönen des Landes, und davon gibt es nicht gerade wenige. Es weht ein Hauch von Cannes und St. Tropez über die Uferpromenade, wo sich schöne Frauen in noch schöneren Kleidern den Schaulustigen präsentieren. Noble Hotels und feine Restaurants bilden die prachtvolle Kulisse dazu.

Und mittendrin bahnen sich Sonja und Klaus in einem leicht verstaubten Unimog ihren Weg. Unerlaubterweise übrigens, denn es ist Sonntag und die Innenstadt damit für Fahrzeuge über 3,5 Tonnen gesperrt. Prompt steht auch schon ein streng blickender Polizist vor ihnen, der sie zum Anhalten zwingt.

Als ihm Klaus erklärt, dass sie nur einen sicheren Platz für die Nacht suchen, hellt sich die Miene des Polizisten auf. Er deutet ihnen, dem Dienstwagen zu folgen und lotst sie zu einem Stellplatz direkt am Strand. Hier, zwischen den teuersten Hotels des Landes, parken auch die Reisebusse der kolumbianischen Ausflügler, die in Cartagena ein paar Tage Urlaub machen. Ein perfekter Stellplatz.

Am nächsten Tag beginnen sie mit dem Papierkram für die Verschiffung. Da sie das meiste bereits von Deutschland aus geregelt hatten, gibt es keinerlei Probleme. Die Mitarbeiter der Horn-Linie in Hamburg haben

Bild Seite 235:
Die natürliche Schönheit und Lebensfreude der karibischen Menschen ist selbst in Südamerika unübertroffen.

Sonja und der Unimog blicken dem Frachter der Horn-Linie entgegen, der sie von Kolumbien nach Costa Rica bringen wird.

alles fehlerfrei und unkompliziert geregelt, sodass ihrer Überfahrt nach Costa Rica nichts mehr im Wege steht.

Sie nutzen die letzten Tage, um sich die Stadt ein bisschen näher anzusehen. Immerhin gilt Cartagena als „Juwel Kolumbiens", ja sogar als „schönste Stadt Südamerikas". Sonja und Klaus können nur zustimmend nicken. Sicher auch getragen von Wehmut, doch vor allem auch begeistert von der traumhaft schönen, wohltuend farbenfrohen Architektur in jeder einzelnen Straße der Stadt, kehren sie tief bewegt von ihrem Rundgang zurück.

Auch die Freundlichkeit der zumeist schwarzen Einheimischen gegenüber den hellhäutigen Fremden übertrifft alles, was sie in den fast vier Jahren Fahrt durch Südamerika kennengelernt haben. Jeder hat ein nettes Lächeln für die beiden Europäer übrig, Männer und Frauen lassen sich gerne von Klaus fotografieren. Ohne Trinkgeld.

Nur die extremen Temperaturen treiben ihnen den Schweiß (nicht nur) auf die Stirn. Tagsüber 42 Grad, nachts 28 Grad, und eine konstante Luftfeuchtigkeit von 90 Prozent. Selten zuvor empfanden sie das süße Nichtstun so schweißtreibend wie hier an der karibischen Küste.

Schließlich ist er da, der 1. August 2005, jener Tag, der das Ende ihrer Südamerika-Reise markieren sollte. Drei Jahre und zehn Monate lang sind sie in ihrem Unimog durch neun Länder gereist, haben 80 000 Kilometer zurückgelegt und viele neue Freunde kennengelernt.

Als sie am 7. November 2001 in Argentinien von Bord gingen, hatten sie keine Ahnung, was sie nach ihrer so bewegenden Asien-Reise nun in der Neuen Welt erwarten würde. Es sollte für sie eine neue Welt werden. Später werden sie in einem Interview sagen, Süd-Chile oder Argentinien seien die einzigen Orte der Erde, an dem sie sich vorstellen könnten, einmal sesshaft zu werden.

Doch bis dahin liegen noch viele Tausend Kilometer vor ihnen. Wenn sie den Frachter der Horn-Linie in Puerto Limón verlassen, werden sie sich ihren Weg durch ganz Mittelamerika bis hin nach Mexiko bahnen. Dann warten mit den USA und Kanada wieder völlig neue Menschen, Landschaften und Eindrücke auf sie.

Und wohin sie ihr Unimog dann trägt? Das steht an diesem 1. August 2005 noch in den funkelnden Sternen über den stillen Weiten der karibischen See.

An ein Ende ihrer Fahrt denken sie noch lange nicht.

Sonja Nertinger und Klaus Schier fahren weiter, immer weiter.

Sie bleiben auf Achse.

Anhang I: Der Unimog

Fahrgestell
- Mercedes Benz Unimog U 1300 L, Baumuster 435.115
- Baujahr Dezember 1990
- Radstand 3250 mm
- Motor OM 366 A, 6 Zylinder Diesel, 5958 ccm, Turbolader
- ca. 170 PS (Leistungserhöhung)
- Höchstgeschwindigkeit 100 km/h

Techn. Umbauten/Veränderungen am Fahrgestell:
- Führerhaus auf zwei Stoßdämpfern gefedert
- Schallisolierung im Führerhaus
- Recarositze auf Isri-Schwingsitzkonsolen
- Ausstiegsluke über Beifahrer (Bundeswehrausführung)
- Radio / Kassette / Funk / GPS / Autokompass
- beheizbare Windschutzscheibe
- 2 Zusatzfernscheinwerfer
- 3 Arbeitsscheinwerfer
- Steinschlagschutzgitter
- Lüftungsklappen in der Motorhaube
- Watanlage abschaltbar
- Differentialsperre vorne abschaltbar
- Hydraulikanlage
- vorne hydr. Superwinch H 15 P Seilwinde, 7000 kg Zuglast, 50 m Seil
- verstärkte Radlager hinten
- Federerhöhung vorne
- verstärkte Federn hinten (chin. Exportausführung), ca. 12 t Federn
- verstärkte finnische Stoßdämpfer
- Hinterachsstabilisator
- Bereifung Continental MPT 81 365/80 R 20,schlauchlos

- verstärkte Radbolzen vorn und hinten
- Zyklonfilter
- staubfreie Innenbelüftung
- 2. Lichtmaschine für Kofferaufbau, 12 Volt
- komplette MAN Tankanlage, 2 Tanks mit insgesamt 520 Liter
- Sepa Dieselvorfilter mit Wasserabscheider
- Rockinger Anhängerkupplung
- Durchstieg zum Wohnkoffer
- Edelstahlgepäckträger mit Ersatzradhalter und Zargesboxen
- Edelstahlrammschutz vor Seilwinde
- ausklappbare Edelstahlleiter zum Dachträger
- Zusatzschlösser in Fahrer- und Beifahrertür
- Druckluftfanfare
- neue Lackierung

Wohnkabine:

- selbsttragende Sandwichplattenkonstruktion (GfK) mit Innenwinkel
- Materialstärken: Boden 118 mm, Dach 82 mm, Seitenwände 70 mm
- GfK Schicht innen und außen jeweils 3-5 mm gewebeverstärkt
- Innenwinkel
- GfK-Stege zwischen Innen- und Außenschicht
- Stahleinlagen
- lebensmittelecht (zertifiziert)
- 0,4 Watt Wärmeverlust
- Heckschräge
- 4 außenliegende Stauklappen
- 1 Dachausstieg
- 1 Eingangstüre mit Dreipunkt-Verriegelung
- 1 Durchstieg zum Fahrerhaus
- 1 ausklappbare Seitenwand auf Höhe der Sitzgruppe
- alle Klappen mit 3-lippiger Dichtung (Kühlfahrzeugbau)
- Klappen mit Schubstangenschlösser

- Zusatzschlösser an Klappen und Türen
- Positionsleuchten vorn und hinten
- innenliegende Kabelführungen

Ausstattung:
- 5 Bonocar Ausstellfenster
- 1 elektrischer Dachlüfter
- 3 x 55 Watt Siemens Solarpaneele
- 2 x 140 A Varta-Gelbatterien
- Schalttafel mit Sicherungsautomaten und Kontrollleuchten
- Volt- und Amperemeter
- 1000 Watt Inverter (Ausgang 220 Volt)
- 1000 Watt Inverter (Ausgang 110 Volt)
- 4 x 220 Volt Steckdosen
- 4 x 110 Volt Steckdosen
- 4 x 12 Volt Steckdosen
- 6 x Halogen-Einbaustrahler
- 2 x Halogen-Aufbauleuchten
- Musikanlage
- 13 mm starker Naturholzausbau, oberflächenbehandelt mit Le Tonkinois
- Edelstahlscharnierbänder
- Linoleumboden
- integrierte Dusche im Eingangsbereich
- feste Sitzgruppe für vier Personen auf Podest
- Omnibus-Bezugsstoff
- 1 permanentes Bett, zweite Betthälfte ausziehbar
- Bulltex-Matratzen
- Kleiderschrank
- Schuhschrank
- Innenausbau
- 3-Flamm Yachtherd / Backofen
- Spüle mit Haushaltsarmaturen

- Gas-Warmwasserboiler
- Gasheizung
- Katadyn-Trinkwasserfilteranlage (Kohle und Keramikfilter)
- 300 Liter Frischwasser
- Abwassertank
- 2 x 11 kg Gasflaschen
- Kissmann Schwingkompressor-Kühlschrank
- Porta Potti Toilette

Sonderausstattung/Zubehör:
- Markise Omnistar 5000
- Sandblechhalter mit 4 Sandblechen je 2 Meter
- Zubehör
- 2 Staukisten unter dem Heck
- Fahrzeugersatzteile
- Werkzeug

Maße/Gewichte:
- Gesamtlänge (incl. Motorrad): 6800 mm
- Gesamtbreite (incl. Markise): 2440 mm
- Gesamthöhe: 3450 mm
- Leergewicht: 5800 kg
- zulässiges Gesamtgewicht: 7500 kg
- Wohnkabine:

Länge:	3620 mm (außen)	3480 mm (innen)
Breite:	2320 mm (außen)	2180 mm (innen)
Höhe:	2100 mm (außen)	1900 mm (innen)

- Wohnfläche: 7,58 qm
- Gewicht der Leerkabine: ca. 1000 kg

Anhang II: Das Trike

Ultraleichtflugzeuge (UL) sind ein- oder zweisitzige Luftfahrzeuge, die vereinfachten Bau- und Zulassungsvorschriften unterliegen. Für Einsitzer-UL ist die maximale Abflugmasse (mit Pilot und Treibstoff) auf 300 kg begrenzt, bei Doppelsitzern gelten 450 kg als Limit. Zugelassen sind in Deutschland zur Zeit:

- aerodynamische gesteuerte UL
- gewichtskraftgesteuerte UL = Trike
- fußstartfähige motorisierte Hängegleiter
- motorisierte Gleitschirme.

Beim Trike steuert der Pilot mittels der gesamten Tragfläche durch entsprechende Gewichtsverlagerung. Die Reisegeschwindigkeit der meisten in Deutschland zugelassenen ein- und doppelsitzigen Trikes liegt - lt. Händlerangaben - zwischen 60 und 120 km/h.

Um in Deutschland ein Trike fliegen zu dürfen, braucht man einen Flugschein. Die Ausbildung besteht aus Theorie und Praxis. Eine Auflistung von entsprechenden Flugschulen erhält man beim DULV - Deutscher Ultraleichtverband. Für das Trike muss eine Haftpflichtversicherung bestehen. Außerdem darf in Deutschland nur mit Helm, Funk und Rettungssystem geflogen werden.

Weiterführende und ausführlichere Infos gibt es beim Deutschen Ultraleichtverband (www.dulv.de), der Flugschule Schmidtler (www.schmidtler.de) oder im Buch „Ultraleichtfliegen“ von Friedrich Schmidt, ISBN 3-485-00790-0

Sonja Nertinger, Klaus Schier

Panamericana

Mit dem Auto von Mittel- nach Südamerika

Praxis-Ratgeber

ISBN-13: 978-3-8317-1596-1
€ 8,90 [D]; SFr. 16,00; € 9,20 [A]

Die Panamericana durchquert als Nord-Süd-Achse den gesamten amerikanischen Kontinent und ist als System von Fernstraßen ein wichtiges Bindeglied zwischen Mittel- und Südamerika. Wie man sich auf eine Reise mit dem eigenen Fahrzeug durch Mexiko, Guatemala, Honduras, Nicaragua, Costa Rica, Panama, Kolumbien, Venezuela und Brasilien vorbereitet und was einen unterwegs erwartet, dazu gibt das vorliegende Buch Auskunft und Tipps.

- Ausführliche Routenbeschreibungen durch das nördliche Süd- und Mittelamerika
- Fahrzeugwahl und -ausrüstung
- Strom-, Gas- und Wasserversorgung
- Autoversicherung
- Persönliche Dokumente
- Gesundheitshinweise
- Kostenkalkulation
- Lebensmittelkontrollen und Grenzformalitäten
- Verschiffung zwischen Mittel- und Südamerika

Die Reiseführer sind im Buchhandel, bei allen Vorträgen oder

Sonja Nertinger, Klaus Schier

Mit dem Auto durch Südamerika

Praxis-Ratgeber

ISBN: 3-8317-1288-3
€ 8,90 [D]; SFr. 16,00; € 9,20 [A]

Südamerika befindet sich im touristischen Aufwind. Wer mit etwas Abenteuerlust im Gepäck einen ganzen Kontinent er-fahren möchte, bekommt mit diesem Handbuch alle Informationen von der Vorbereitung bis zum Reisen vor Ort. Das Autorenpaar ist jährlich mehrere Monate auf Tour und vermittelt seine praktischen Erfahrungen und die aktuellsten Streckeninformationen aus erster Hand.

- Fahrzeug und Ausrüstung
- Persönliche Vorbereitung
- Wie verschiffe ich mein Fahrzeug?
- Kostenkalkulation
- Tourenvorschläge für: Argentinien, Chile, Paraguay, Bolivien, Peru, Uruguay, Brasilien
- Tipps für Grenzübergänge, Polizeikontrollen und Straßenmaut
- Pistenbeschreibungen mit GPS-Koordinaten

versandkostenfrei über die Webseite www.auf-achse.tv erhältlich!

Puerto Limon
Cartagena
Maracaibo
Caracas
Ciudad Bolivar
Bogota
Cali
Quito
Boa Vista
Manaus
Santarem
Belem
Fortaleza
Porto Velho
Lima
Cusco
Nazca
Puno
La Paz
Arica
Santa Cruz
Sucre
Potosi
Cuiaba
Brasilia
Salvador

São Paulo
Asuncion
Antofagasta
Salta
Foz du Iguazu
Curitiba
Pazifischer Ozean
Porto Alegre
Cordoba
Santiago de Chile
Montevideo
Buenos Aires
Purto Montt
Bariloche
Atlantik
Comodoro Rivadavia
Fitz Roy
Perito Moreno
Torres del Paine
Ushuaia